北京石油学院附属实验小学活力创新课程实践探索

阳光少年 活力课程

◎王 梅 主编

U0833454

中国农业科学技术出版社

图书在版编目（CIP）数据

阳光少年活力课程：活力创新课程实践探索 / 王梅主编 .
—北京：中国农业科学技术出版社，2019.1
ISBN 978-7-5116-3549-5

Ⅰ . ①阳… Ⅱ . ①王… Ⅲ . ①课程—教学研究—小学
Ⅳ . ① G622.3

中国版本图书馆 CIP 数据核字（2018）第 043576 号

责任编辑　穆玉红
责任校对　李向荣

出 版 者　中国农业科学技术出版社
北京市中关村南大街 12 号　邮编：100081
电　　话　（010）82109707 82106626（编辑室）（010）82109702（发行部）
（010）82109709（读者服务部）
传　　真　（010）82106626
网　　址　http://www.castp.cn
发　　行　各地新华书店
印 刷 者　北京建宏印刷有限公司
开　　本　710 mm × 1 000 mm　1 /16
印　　张　11
字　　数　300 千字
版　　次　2019 年 1 月第 1 版　2019 年 1 月第 1 次印刷
定　　价　68.00 元

版权所有 · 侵权必究

《阳光少年活力课程——活力创新课程实践探索》

编 委 会

主　编：王　梅

副主编：宋春艳　刘　静

参与编写人员：（排名不分先后）

田苹苹　梁　颖　花　辉　张合敬　赵金凤

李　冰　高　佳　王建军　李晓红　武　芳

果玉英　耿晶晶　吴金芝　刘佳琦

前 言

经过四年的努力，在海淀区课程改革实施之际，我校开发的活力校本课程体系编写完成了，这是我校校本课程建设取得的阶段性重要成果，也是我校特色课程建设迈出的重要一步，是值得庆贺的一件事情！

石油实验小学 2011 年建校，校本课程的研究和开发起步较早。2014 年在构建学校活力文化的基础上，开始着手进行活力课程的研发。在坚持文化引领、紧扣育人目标的基础上，科学设计了“活力课程体系”，构建了“思想活力”“认知活力”“行为活力”三大课程群，形成了课程的主体框架。三大课程群各具特色，各司其职。

“思想活力”课程群，对应培养目标中的“有志向”，旨在通过课程实施，帮助学生树立正确的价值取向，使他们能够志存高远，人格独立健全。本课程群包括的基础学科有语文、品德与生活、品德与社会等。

“认知活力”课程群，对应培养目标中的“会求知”，旨在调动学生学习的认知主动性，培养他们的系统思维和创新能力，同时帮助他们养成自主学习、终身学习的好习惯。本课程群包括的基础学科有数学、科学、信息等。

“行为活力”课程群，对应培养目标中的“能作为”，旨在培养学生的运动力、习惯力和适应力，使他们能够乐于运动、勤于劳动、热衷活动，在生活和学习中养成良好的习惯，具备良好的表现力。本课程群包括的基础学科有英语、音乐、体育、美术等。

在明确三大课程群的定位和目标的基础之上，我们对国家课程进行了校本化分类，并在充分分析课程资源和课时的基础之上，立足三大课程群，设计了活力双语阅读、活力中华、零点创新、儿童积极心理学、活力北京等七门精品课程，对同一个课程群中的国家课程进行补充和完善。课程的定位分别为心理健康知识讲授加团队活动、社会体验活动、读书沙龙、校内动手、研究性学习、戏剧赏析与实践、艺术综合赏析与实践。同时，我们还设计了俱乐部课程，通过俱乐部课程对精品课程又形成一个更深层次的拓展，最终构建了石油实验小学的“活力”课程体系。

从校本精品课程的实施来说，“零点创新”、“活力双语阅读”、“活力中华”三门精品课程已在 1-6 年级全面铺开。老师们打破学科壁垒，组成了校本课程教研组，如活力中华课程组由美术、综合实践、武术等学科教师构成；零点创新课程组涵盖全体数学、科学教师；活力双语阅读课程组涉及语文、英语教师。他们利用相关学科的 10% 综合实践课时，进行跨学科教研和课程实施。老师们利用寒暑假时间及课余时间，选定教材，精心备课，调整课时，大胆尝试，所有年级相关学科任教教师全员参与，听课、研讨、轮流授课实践，共同修改教学设计、丰富完善教学资源。同时，“积极心理学”、“活力北京”“活力双语剧场”等课程在部分年级也在进行着积极地尝试与探索。

从俱乐部课程的实施来说，随着近年学校不断发展，学校充分挖掘现有教师资源，并大力引进高水平师资、教练，与前乒乓球世界冠军李佳薇等专业俱乐部合作，已开设乒乓球、足球、管乐、合唱、非洲鼓、榫卯、景泰蓝、英语戏剧、科学实验、机器人、围棋、航模等近50门体育、艺术、科技俱乐部课程，为学生提供了更为多元的选择和更专业的指导，使学生能在擅长的领域更有追求，深受学生和家长喜爱。建校七年来，各俱乐部学生在各级各类比赛中喜获累累硕果。

在课程实施的过程中，我们也遇到了一些困难，如教材未能及时到位、课程内容难度较大、课时紧张等，课程组教师都积极面对，通过集体教研、开研讨会等形式边实践边反思，不断改进，优化课程设计，完善课程实施方案。

呈现在大家面前的这本活力课程一书，反映了我校近年来教育科学研究工作的阶段性成果。本书主要从课程研发的背景、目标、顶层设计等方面，全面介绍了活力课程体系的构建，从课例来源看，取材于我校教师的课题研究成果，源于我校多年的教育教学实践。这些课例有的是教研组集体智慧的结晶，有的是个人专题研究的成果，地编写过程中均倾注了教师们大量的心血，有的还融入了作者独到的见解和心得。从课例形态看，可以分为两类：一是以教学设计为主，知识性内容较多，兼顾实践性活动性，培养学生综合素质；二是以活动为主，课程学习强调实践操作，教学手段灵活多样。

校本课程以学校作为本位和阵地，在学生学习需求分析的基础上，由学校自主开发和编制，可供学生多种选择。校本课程体现一个学校的文化传统，是弘扬学校特色和品牌的很好载体。石油实验小学活力课程体系，具备了一定的理论水平，突出了实践性、活动性、校本性、选择性，符合新课程理念，对我校特色建设有重要的影响，对学生全面健康成长也会产生积极的作用。当然，限于开发者理论水平和实践能力，部分课程还稍显稚嫩，存在着这样那样的缺点、错误和不当之处，需要进一步修改、完善和充实。我们希望老师和同学提出宝贵意见，希望读者和专家给予帮助指导！

衷心祝愿我校校本课程建设取得更大的成绩！

目录

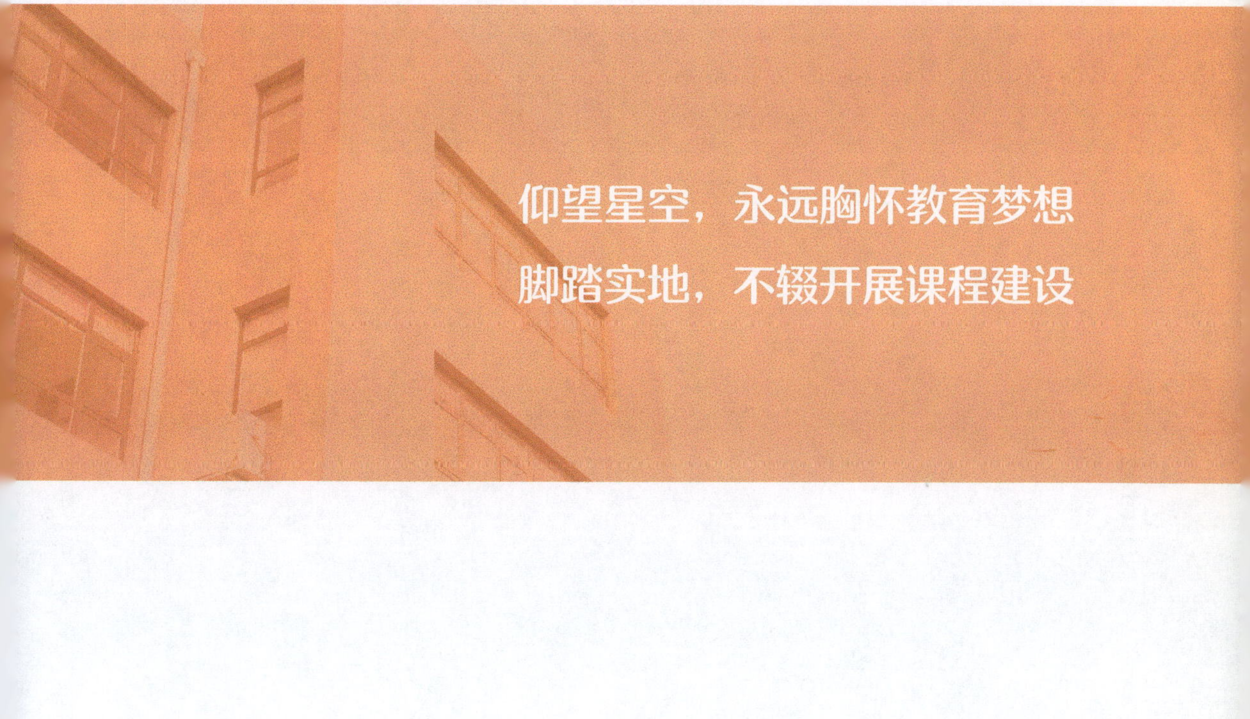
仰望星空，永远胸怀教育梦想
脚踏实地，不辍开展课程建设

第一章 活力课程的研发背景

课程是一所学校的根本，课程建设并非一朝一夕就能开花结果，而是需要在尊重教育规律、结合学校实际的前提下，不断去探索、创新。北京石油学院附属实验小学从建校以来，就把如何设立既符合时代发展要求，又具备活力气质和传统文化基因的特色课程列为了首要任务进行打造琢磨。

2015 年 7 月，北京市教委颁布了《北京市实施教育部 < 义务教育课程设置实验方案 > 的课程计划（修订）》。为深化教育领域综合改革、学生成长构建良好的教育新生态。此次课改赋予了学校更多的自主权，体现了多样性与选择性，开放性与个性化的特点，强调学校要特色化办学，从课程入手，做出自己的特色。特别强调学科实践，要求各个学科平均有不低于 10% 的学时用于开设学科实践活动课程，并形成完整的课程体系；体现开放的原则，鼓励多渠道整合教学资源，在实践活动安排上，要校内外共同实施，鼓励学校走出去，走进社会大课堂；赋予学校更多的自主权，鼓励学校在保证总学时的基础上，根据实际需求，开展大小课、长短课相结合的课程实验；鼓励打破学科壁垒，穿越学科边界，开展跨学科教学。政策切实解决基础教育中存在的深层次问题，进一步扩大学校课程建设的自主权，对北京市基础教育改革特别是学校课程建设形成指导意义并带来深远的影响。

北京石油学院附属实验小学（以下简称为石油实验小学）在王梅校长的领导下，通过充分学习和落实《北京市中小学培育和践行社会主义核心价值观实施意见》《北京市教委关于基础教育部分学科教学改进的意见》等一系列相关文件，结合自身建校历史短、教师队伍年轻的新学校特点，对如何构建适合学校、教师和学生发展的课程体系进行了一系列的讨论和调研过程。抓住“课程建设”这一核心，围绕“文化引领—目标定位—科学设计—整体实施—评价反思”的思路，整体构建富有学校特色的活力课程体系，在一定程度上满足了社会对优质教育的渴望，以及学生对多样化、个性化教育的需求。

一、坚持文化引领，助力课程建设

文化是在长期教育实践中凝结成的一种精神，是学校的精髓和灵魂。文化能引领学校课程建设，而课程又为文化提供了落地生根的沃土。两者相辅相成，相互依存。

石油实验小学是一所年轻的学校，为激发师生的生命潜能，打造富有个性特色的教育品牌，党校建立了“活力文化体系”，并依据“活力文化”提出明确的办学目标，即“创办一所勇于探索、充满活力的优质小学”，继而形成“活力教育”办学特色。为使“活力文化”落地生根，学校开发了活力课程体系。由此可见，“活力文化”引领课程建设的方向，助力课程建设。

二、紧扣育人目标，培养学生能力

教育的核心是课程，课程的出发点与归宿都是为了学生的发展。学校在规划“活力”课程体系时，理顺课程目标和学校育人目标的关系，使两者有机结合。

课程是育人的途径。学校提出了培养“有志向、会求知、能作为”的育人目标并紧扣育人目标建设活力课程体系，使得课程目标与育人目标相契合。从而通过课程的实施真正关注学生思想活力、认知活力和行为活力的养成。提升学生素质，全面培养学生的学习力、创新力、实践力、运动力、习惯力、适应力、驱动力、情绪力、协作力等九大能力。

三、科学合理设计，构建课程框架

在坚持文化引领、紧扣育人目标的基础上，学校在专业机构的帮助下，科学设计了“活力课程体系”，构建了“思想活力”“认知活力”“行为活力”三大课程群，形成了课程的主体框架。三大课程群各具特色，各司其职。

“思想活力”课程群，对应培养目标中的“有志向”，旨在通过课程实施，帮助学生树立正确的价值取向，使他们能够志存高远，人格独立健全。本课程群包括的基础学科有语文、品德与生活、品德与社会等。

“认知活力”课程群，对应培养目标中的“会求知”，旨在调动学生学习的认知主动性，培养他们的系统思维和创新能力，同时帮助他们养成自主学习、终身学习的好习惯。本课程群包括的基础学科有数学、科学、信息等。

“行为活力”课程群，对应培养目标中的“能作为”，旨在培养学生的运动力、习惯力和适应力，使他们能够乐于运动、勤于劳动、热衷活动，在生活和学习中养成良好的习惯，具备良好的表现力。本课程群包括的基础学科有英语、音乐、体育、美术等。

在明确三大课程群的定位和目标的基础之上，学校对国家课程进行了校本化分类，并在充分分析课程资源和课时的基础之上，立足三大课程群，设计了活力双语阅读、活力中华、零点创新、儿童积极心理学、活力北京等七门精品课程，对同一个课程群中的国家课程进行补充和完善。课程的定位分别为心理健康知识讲授加团队活动、社会体验活动、读书沙龙、校内动手、研究性学习、戏剧赏析与实践、艺术综合赏析与实践。同时，学校还设计了俱乐部课程，通过俱乐部课程对精品课程又形成一个更深层次的拓展，最终构建了石油实验小学的活力课程体系。

四、整体实施课程，注重反思总结

科学构建活力课程体系，并积极开展课程实验，逐步完善课程实施。

从校本精品课程的实施来说，“零点创新”“活力双语阅读”“活力中华”三门精品课程已在1—6年级全面铺开。老师们打破学科壁垒，组成了校本课程教研组，如活力中华课程组由美术、综合实践、武术等学科教师构成；零点创新课程组涵盖全体数学、科学教师；活力双语阅读课程组涉及语文、英语教师。他们利用相关学科的10%综合实践课时，进行跨学科教研和课程实施。老师们利用寒暑假时间及课余时间，选定教材，精心备课，调整课时，大胆尝试，所有年级相关学科任教教师全员参与，听课、研讨、轮流授课实践，共同修改教学设计、丰富完善教学资源。同时，“积极心理学”“活力北京”“活力双语剧场”等课程在部分年级也在进行积极的尝试与探索。

从俱乐部课程的实施来说，随着近年学校不断发展，学校充分挖掘现有教师资源，并大力引进高水平师资、教练，与前乒乓球世界冠军李佳薇等专业俱乐部合作，已开设乒乓球、足球、管乐、合唱、非洲鼓、榫卯、景泰蓝、英语戏剧、科学实验、机器人、围棋、航模等近 50 门体育、艺术、科技俱乐部课程，为学生提供了更为多元的选择、更专业的指导，使学生能在擅长的领域更有追求，深受学生和家长喜爱。建校七年来，各俱乐部学生在各级各类比赛中喜获累累硕果。

在课程实施的过程中，学校也遇到了一些困难，如教材未能及时到位、课程内容难度较大、课时紧张等等，面对各种困难，课程组教师都积极面对，通过集体教研、开研讨会等形式边实践边反思，不断改进，优化课程设计，完善课程实施方案。

五、呼应课改精神，促进学科融合

石油实验小学“活儿”课程体系的建设呼应了北京市新一轮课改精神中“打破学科壁垒，穿越学科边界，实行跨学科教学”的理念。

学校三大课程群，本身体现了跨学科教学的思路，为学科之间的融合和跨学科教学指明了方向。紧扣课程群定位设计的七门精品课程，不是某一门国家课程的延伸，而是综合了课程组内的几门学科，其本身在体现了跨学科特色。同时，也符合课改的开放原则，在实践活动安排上，采取部分课程校内为主，部分课程校外为主，部分课程校内 + 校外联合开展的方式，带领学生走进社会大课堂。在课时上，尝试进行长短课时改革。学校以精品课程作为试点，根据课程的特点和开设要求，进行长短课时改革实验，并整合零散的时间，进行早读的《学而时习之》晨诵课程、古诗词铃声课程等。如《零点创新》等实践性较强的课程，采取 80 分钟一课时。

此外，结合课改要求，在精品课程设计中，一方面，学校将精品课程作为国家课程的补充和完善；另一方面，将精品课程作为国家课程开展学科实践活动的一个有效平台，充分满足将 10% 的学时用于开设学科实践这一课改要求。

与此同时，针对国家课程的实施，学校同样积极开展学科内、学科间的整合，力求使 90% 的课时最大化的发挥其教育教学功效。

建校七年，学校活力校本课程建设工作已初见规模，在此基础上，学校不断摸索改进课程开发实施模式，以期更加完善成熟！

（一）强调学科实践

此次课改特别强调学科实践，要求各个学科平均有不低于 10% 的学时用于开设学科实践活动课程。在精品课程设计中，一方面，将精品课程作为国家课程的补充和完善；另一方面，将精品课程作为国家课程开展学科实践活动的一个有效平台，充分满足将 10% 的学时用于开设学科实践这一课改要求（表 1-1）。

表 1-1　国家课程与精品课程对应实践

国家课程	对应的精品课程	学科实践内容
品生品社	活力北京	通过零距离走进城市、认识城市，实现爱国教育、家乡教育
	积极心理学	通过团体心理活动，塑造积极人格，实现阳光身心
	活力双语阅读	通过阅读活动，养成同理心，学会自我管理和发展
	活力中华	体验传统文化，感知中华传统文化的魅力，实现民族教育、爱国教育
语文	活力北京	深度体验城市文化，在真情实感的积淀中提升表达能力

（续表）

国家课程	对应的精品课程	学科实践内容
语文	积极心理学	通过团体心理活动，增强语言表达能力和沟通能力
	活力双语阅读	通过阅读活动，培养学生搜集信息及处理信息的能力，积淀人文底蕴
	活力双语剧场	通过中华传统剧目的赏析、排演以及原创剧本写作，提升人文素养
	活力中华	体验传统文化项目，学习相关诗词歌赋，感知其背后的人文生活方式
数学	零点创新	通过动手制作、搭建，运用数学计算知识以及图形空间知识，提升数学应用能力
	能源与未来	在认识生态和能源活动中，设计相关的应用题，亲临其境利用数学知识解决实际问题
科学	零点创新	在动手制作、搭建中体验现代科技，运用学习的科学知识将想法变成现实
	能源与未来	在调查体验中，感悟科技带来的改变，树立科学意识，激发对科学的浓厚兴趣
英语	活力双语阅读	通过英文阅读活动，增加学生词汇量，增强学生的语感
	活力双语剧场	通过英文经典剧目赏析、排演以及原创英文剧本写作，提升语言英语能力

（二）开展开放式的社会实践活动

此次课改体现开放的原则。在实践活动安排上，校内外共同实施，鼓励学生和教师走出去，走进社会大课堂。在做课程设计时，学校充分考虑到这一要素，根据课程特点，考虑课程开设的可操作性，采取部分课程校内为主，部分课程校外为主，部分课程校内 + 校外联合开展，具体安排如表 1-2。

表 1-2　精品课程实施途径

课程群	精品课程	实施	备　注
思想活力	儿童积极心理学	校内为主	校内团体活动
	活力北京	校外为主	走进银行、医院、城市行政职能部门、社区、景点、街区、博物馆等
	活力双语阅读	校内 + 校外	校内外读书沙龙，鼓励走进大自然，走进图书馆、书店、开展阅读活动
认知活力	零点创造	校内为主	校内体验、动手实践
	能源与未来	校外为主	校外调研，走进相关高校实验室、大学课堂、能源企业、现代农业示范区
行为活力	活力双语剧场	校内 + 校外	校内团体活动，校外走进剧场、艺术馆、社区等
	活力中华	校内 + 校外	校内体验、动手实践，校外走进文化馆、展览馆、传统工艺工作室等

（三）实施长短课时改革

根据《北京市实施教育部〈义务教育课程设置实验方案〉的课程计划（修订）》的文件精神，学校实施长短课时的试验，但考虑到石油实验的实际情况，先以精品课程作为试点，根据课程的特点和开设要求，进行长短课时改革实验，并整合零散的时间，开展微课试验。对于“活力双语阅读”“活力北京”“零点创新”“能源与未来”“活力双语剧场”这些实践性比较强的课程，采取 80 分钟一课时，鉴于《儿童积极心理学》主要以讲授为主，辅助团队活动，并考虑学生的认识水平，课程采取 20 分钟一课时。“活力中华”这门课考虑到各年级平行开设武术及写字类相关内容，在课时设置上采取 60 分钟一课时，其中，30 分钟用于武术或写字教学，30 分钟用于其他教学。

考虑到排课的实际可操作性，“活力双语阅读”和“活力双语剧场”两门课可以单双周错开安排，每次 80 分钟；“零点创新”“能源与未来”可与“活力北京”单双周错开，每次 80 分钟；“儿童积极心理学”“活力中华”则可以两门课连排，积极心理学占 20 分钟，活力中华占 60 分钟（表 1-3）。

表 1-3　课时安排计划

类　型	课　程	建议学时（分钟）	总学时（以平均 40 分钟计算）	周课时
精品课程	活力双语阅读	80	288	1—2 年级每周 1 节，3—6 年级 1 节 /2 周
	活力北京	80	192	1—6 年级 1 节 /2 周
	零点创新	80	96	1—3 年级 1 节 /2 周
	能源与未来	80	96	4—6 年级 1 节 /2 周
	活力双语剧场	80	288	1—2 年级每周 1 节，3—6 年级 1 节 /2 周
	儿童积极心理学	20	96	1—6 年级每周 1 节
	活力中华	30+30	160	其中武术、写字占 30 分钟
微课程	晨诵	20	——	——
	午间阅读	20	——	——
	午间空中课堂	10	——	——
俱乐部课程	体验与服务俱乐部、领导力俱乐部等校园俱乐部	60	——	——

（四）实行跨学科教学

此次课改，还鼓励打破学科壁垒，穿越学科边界，实行跨学科教学，这与学校这次课程规划的思路是不谋而合的。在”活力文化”教育思想的引领下，紧扣“培养有志向、会求知、能作为的活力少年”的育人目标，形成了“思想活力”“认知活力”“行为活力”三大课程群，并依据三大课程群对国家课程进行分类，这本身就体现了跨学科教学的思路，为学科之间的融合和跨学科教学指明了方向。课程群内的各个学科之间应贴合课程组定位充分融合，开展跨学科的试验。在课程管理上，以课程学院的形式，加强学科教师的互通和学习。

同时，学校紧扣课程群定位，综合分析学校课程资源和课程基础，设计了七门精品课程，这七门精品课程不是某一门国家课程的延伸，而是综合了课程组内的几门学科，其本身也体现了跨学科（图）。

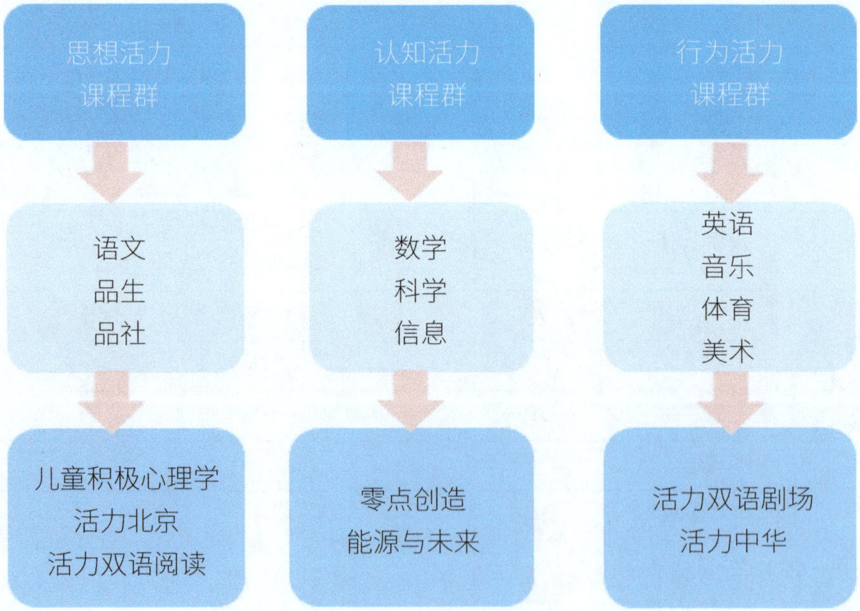

图　三大课程群示意

第二章 课程研发目标

一、紧扣“培养有志向、会求知、能作为的活力少年”的育人目标（图 2-1）

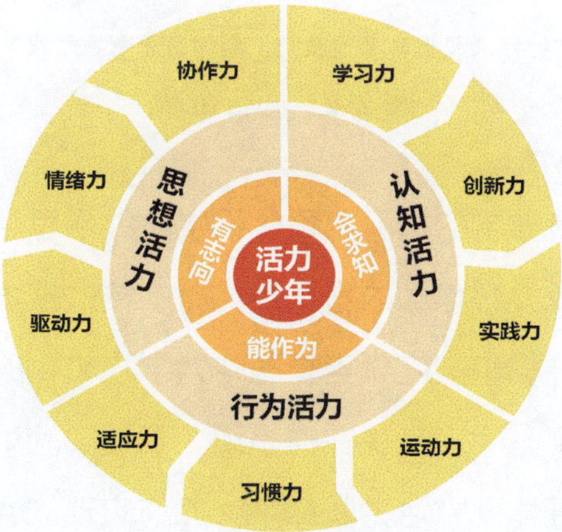

图 2-1　目标图示意

教育的核心是课程。课程的出发点与归宿是为了学生的发展。课程规划要理顺课程目标与培养目标的关系，将课程目标与育人目标有机结合起来。课程目标与育人目标应该而且必须是一致的，只有两者的一致课程才有了方向，目标才有了实现的可能。

育人目标，就是明确我们要培养什么样的人。石油实验以“活力教育”为核心，将培养“有志向、会求知、能作为”的活力少年作为学校的育人目标。因而，学校的课程目标应当与育人目标相契合，通过课程真正关注学生思想活力、认知活力和行为活力的养成，提升学生素质，培养他们的学习力、创新力、实践力、运动力、习惯力、适应力、驱动力、情绪力、协作力。

二、活力文化落地的载体（图 2-2）

图 2-2 心行合一

课程是学校教育教学的核心，是体现学校办学思想的重要形式。我们将课程建设作为学校文化落地的重要载体。学校的根本任务是育人，育人的根本途径是通过课程来实施。当课程作为学校文化的载体存在时，学校文化的灵魂也就有了一个实实在在的呈现。石油实验小学的“活力”文化落到课程上关键是要体现“活力”二字。如何实现“活力”？我们认为就是要秉承“润泽于心，砥砺以行”的校训精神。心和行是连接生命的两端，影响着生命的维度。“活力教育”不光关注孩子的内心，还关注孩子的行动。这有别于现行的教育过多地关注心行中间的知识，而忽略了孩子的内心和行动。

图 2-3　学校徽标

校本课程作为国家课程的补充，补充的正是心和行两个方面。润泽于心，不但指向价值观，以及价值观统领下的志向和道德，更关注兴趣、情商等；砥砺以行则是为学生搭建平台和舞台，创造更大的空间、更多的机会让孩子去体验、去想象、去创新、去实践。正如校徽所传达的那样，“润泽于心，砥砺以行”这一文化核心，就像一滴水滴浸润着大地；又像在砥砺研磨的过程中碰撞出了火花。活力教育是一种浸润教育，它深入人心，又在思想、认知和行为中迸发火花（图 2-3）。

三、紧密结合“活力教育”办学特色

学校发展核心，是课程的建设与发展，学校的特色首先体现在课程上。在石油实验的课程建设中，特别强调学校“活力教育”这一办学特色，理顺课程特色与学校特色的关系，将课程特色与学校特色有机结合起来。在课程设计方面，开发充满活力的新课程；在课程内容方面，设置丰

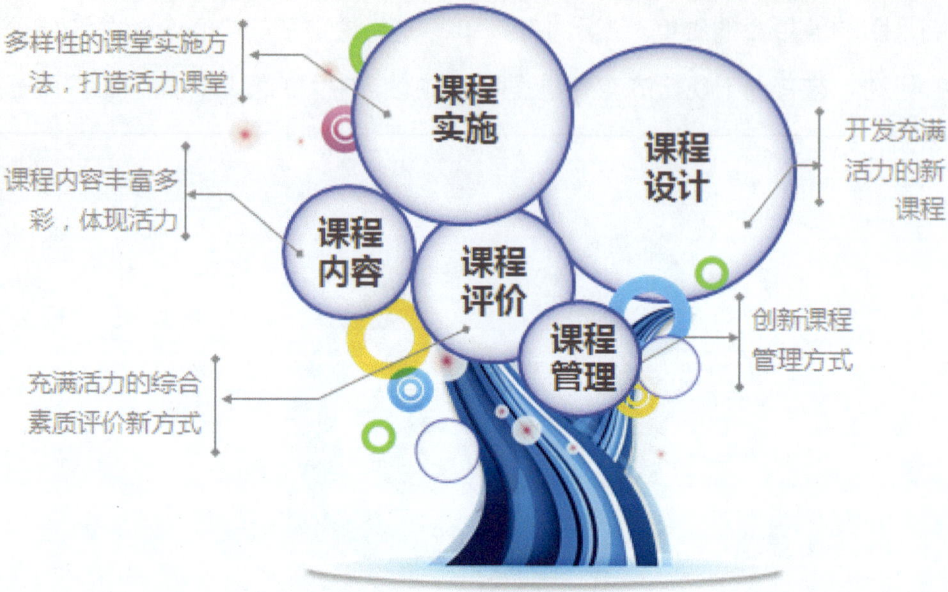

图 2-4　活力教育办学示意

富多彩，跨越多个领域的教学内容；在课程实施方面，利用多样性的实施方法，打造活力课堂；在课程评价方面，打造充满活力的综合素质评价新方式；在课程管理方面，创新课程管理组织与方式，综合体现学校活力特色（图 2-4）。

第三章 课程体系构建

一、在“活力”文化的基础之上形成三大课程群

“有志向、会求知、能作为的活力少年”是在符合学生生命发展规律的前提下，实现人的思想、认知和行为的充分统一发展。活力教育所追求的可持续发展就是要培养和塑造出与真、善、美统一的具备思想活力、认知活力和行为活力的可持续发展少年。

在“活力文化”教育思想的引领下，紧扣“培养有志向、会求知、能作为的活力少年”的育人目标，构建了“思想活力”“认知活力”“行为活力”三大课程群（图3-1）。

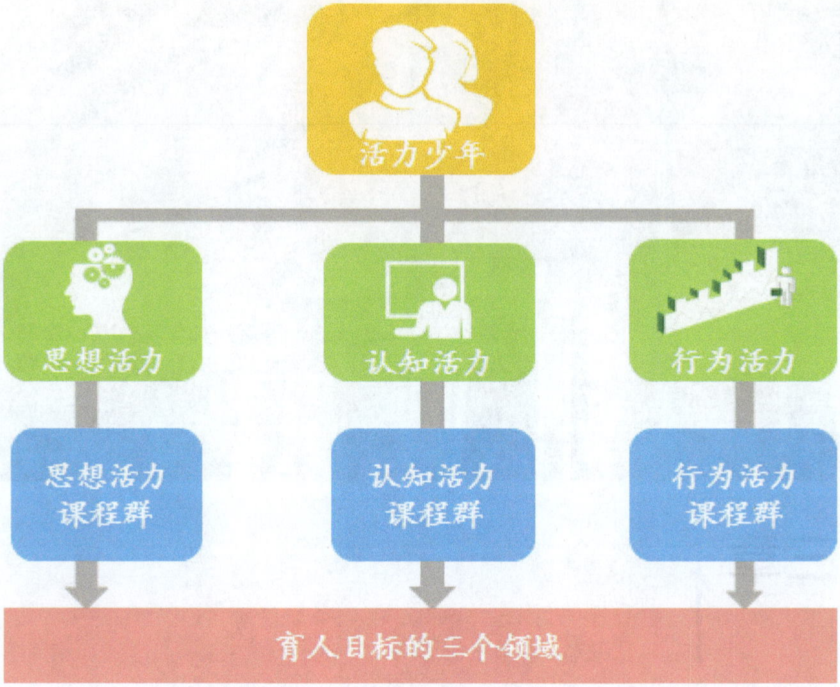

图 3-1　育人目标的三个领域

二、明确三大课程群的定位及目标

（一）“思想活力”课程群

通过系列课程，帮助学生确立正确的价值取向，能够对个体的心理和情绪进行较好的自我管理，同时能与他人展开良性的互动，培养孩子的驱动力、情绪力和协作力，使孩子能够志存高远，人格独立健全，性格积极开朗。

（二）“认知活力”课程群

通过系列课程，帮助学生在知识经验的学习积累中、思考与创造的过程中、实践与体验中，形成学习力、创新力和实践力，通过课程的学习，孩子能够善于观察、思维敏捷，独立思考、掌握方法、乐于动手、学会创造，从而养成自主学习、终身学习的好习惯。

（三）“行为活力”课程群

通过系列课程，培养学生的运动力、习惯力和适应力，通过课程的学习，孩子能够乐于运动、勤于劳动、热衷活动，在生活和学习中养成良好的习惯，做美的践行者和传播者，能够融入自然，走进社会，敬畏规则、顺应变化，有较强的适应能力。

三、对国家课程进行校本化分类

依据三大课程群的定位及目标，学校首先对国家课程进行了分类，“思想活力”课程群包括语文、品生、品社，这几门学科偏向于学生情感教育和价值观养成，符合课程群定位，能够激发学生学习兴趣和动力，培养学生的驱动力、情绪力和协作力，充分发挥学科育人优势。“认知活力”课程群包括数学、科学、信息，这几门学科更注重学生系统思维的养成，讲究逻辑性和技能性，符合课程群定位，对于培养学生的学习力、创新力和实践力，调动学生学习的主动性，引导学生积极探索，大胆创新，不断创造大有帮助，充分发挥学科育人优势。“行为活力”课程群包括英语、音乐、体育、美术，音、体 、美更注重身体的锻炼和艺术的陶冶，滋养学生的身心，英语则是学生融入国际社会不可或缺的语言工具，这几门课程能够培养学生的运动力、习惯力和适应力，让学生充分、合理地释放身体活力，具有健康的生活态度和习惯，融入社会。

国家课程的校本化分类为学科之间的融合和跨学科教学指明的方向。课程群内的各个学科之间应贴合课程群定位充分融合，开展跨学科教学，同时，在课程管理上，加强学科教师的教研学习（表 3-1）。

表 3-1　国家课程的校本化分类

育人目标		课程群	国家课程	依　据
活力少年	有志向	思想活力	语文 品生 品社	语文学科及品生、品社学科，偏向于学生情感教育和价值观养成，符合课程群定位，且能够发挥学科育人优势
	会求知	认知活力	数学 科学 信息	数学、科学、信息学科更注重学生系统的思维的养成，讲究逻辑性和技能性，符合课程群定位，且能够发挥学科育人优势
	能作为	行为活力	英语 音乐 体育 美术	音乐、体育 、美术更注重身体的锻炼和艺术的陶冶，滋养学生的身心，英语则是学生融入国际社会不可或缺的语言工具

四、对国家课程进行特色补充和完善

（一）基于课程资源

石油实验小学在课程资源上有很好的基础，通过对校内校外的有效课程资源的分析和整合，用以支持学校课程建设。

（1）办学条件：教学硬件设施优势，音乐厅等多功能教育一应俱全，活动场地丰富。

（2）石油传统：英语是强项，英语学科基础扎实，师资力量好，学生基础好；属于石油学院附属校，学校掌握着能源教育的优势。

（3）地理位置：首都北京是政治、经济、文化中心，公共设施健全、文化产业蓬勃、且有很多社会组织和优质基金。

（4）周边环境：东升科技园内有不少高新技术产业，可以整合资源来开设；临近奥林匹克森林公园，园内物种丰富、活动丰富、设施齐备，是课程开发的好资源。

（5）优势学科：英语是石油附属学校的优势学科，石油实验的英语学科积累了较好的基础。

(6) 艺体功底扎实：以管乐、武术为代表的各类社团蓬勃发展，书法、诵读、民族舞、纸艺等社团初具规模。

（二）基于课时分析

在总学时一定的前提下，有必要对课时进行细致的梳理和分析，以在有限的课时里挖掘更大的自主空间，这也是学校接下来开展长短课、大小课相结合的学时改革的基础，对课时的分析不仅包括课表内的课时，也包括课表之外的零散时间的整合。

参考《北京市义务教育课程设置表》，对比石油实验现阶段开设课程（表 3-2），可以梳理出一至六年级各个年级的自主课时，分别为：一至二年级每周 10 课时，三年级每周 6 课时，四至五年级每周 5 课时，六年级每周 8 课时（表 3-3，3-4）。

表 3-2　现阶段开设课程（一至二年级）

课程 年级		品生	语文	说话	数学	英语	体育	武术	音乐	美术	外教口语	数学活动	英语活动	信息	班会	队课	形体	小计
一年级	标准	1-2	6-8		3-4	2	4		2	2	综合实践：3-5				1		1	26
	实开	2	7	1	4	2	4		2	2	1	1	1	1	1		1	30
自主课时		1	2		1						1	1	1	1	1			10
二年级	标准	1-2	6-8		3-4	2	4		2	2	综合实践：3-5							26
	实开	2	7	1	4	2	3	1	2	2	1	1		1	1		1	30
自主课时		1	2		1		-1				1	1	1	1		1	1	10

表 3-3　现阶段开设课程（三至四年级）

课程 年级	品社	科学	语文	数学	英语	体育	武术	音乐	美术	书法	综合 实践	信息	队课	小计
三 年级	标准	2	2	6	4	2-3	3		2	2	1	3-5	1	30
	实开	2	2	6	4	4	2	1	2	2	1	2+1	1	30
自主 课时						2	-1				1	4	1	7
四 年级	标准	2	2	6	4	3	3		2	2	1	3-5	1	30
	实开	2	2	6	4	4	2	1	2	2	1	2+1	1	30
自主 课时						1	-1				1	4	1	6

表 3-4　现阶段开设课程（五至六年级）

课程 年级	品社	科学	语文	数学	英语	体育	音乐	美术	书法	综合 实践	信息	队课	小计
五 年 级	标准	2	2	6	4	3	3	4	1	3-5	1	30	
	实开												30
自主 课时													6
六 年 级	标准	2	2	6	4-5	2-3	3	2	1	3-5	1	30	
	实开												30
自主 课时													9

学校还对学校作息时间（表 3-5）进行了梳理，同时充分考虑北京市课后一小时的要求以及石油实验对于课后一小时的施行情况，对课表以外可自主安排的时间进行了统筹（表 3-6）。

表 3-5 石油实验小学作息时间表

	时间	内容安排
上 午	7:50—08:00	到校准备
	08:00—08:30	早 操
	08:35—09:15	第 一 节
	09:25—10:05	第 二 节
	10:15—10:20	加 餐 奶
	10:20—10:25	眼保健操
	10:25—11:05	第 三 节
	11:15—11:55	第 四 节
下 午	13:00	预 备
	13:10—13:20	广 播
	13:20—14:00	第 五 节
	14:10—14:15	眼保健操
	14:15—14:55	第 六 节
	14:55—15:30	大 课 间
	15:30—16:30	课后活动
备 注	每周二下午 15:30 放学。	

表 3-6 石油实验小学课后一小时施行情况一览表

时间	周一	周二	周三	周四	周五
15:30—16:30	校本课程及社团活动	15:30 放学	活动	活动	活动

通过分析，每天中午 12:30—13:00 这段时间可以用于整合，每周为 0.5×5=2.5 课时；除周二以外，每天 15:30—16:30 也可以进行整合，每周为 1×4=4 课时（表 3-7）。

表 3-7　石油实验小学时段整合

时　间		内容安排	自主周课时
上午	——	——	——
中午	12:30—13: 00 （13:00—13:20 午休）	可整合	0.5×5=2.5
下 午	15:30—16:30	除周二外可整合	1×4=4
备 注	每周二下午 15：30 放学		

（三）开设精品课程

在活力办学思想之下，明确三大课程群的定位及目标，在对课程资源和课时进行分析的基础上，设计了对应的七门精品课程，精品课程又对同一个课程群中的国家课程起到补充和完善（表 3-8）。

表 3-8　精品课程与国家课程的对应

课程群	国家课程	精品课程	课程简介
思想活力	语文、品生、品社	儿童积极心理学	指向幸福感获取的儿童专业心理课程
		活力北京	认识城市功能，深度感受城市文化底蕴，参与城市建设的社会实践课程
		活力双语阅读	以中英文双语阅读为基础的主题式读书分享沙龙
认知活力	数学 科学 信息	零点创造	校内动手类科技创新实践探究活动
		能源与未来	以能源、生态为课题的小组研究性学习
行为活力	英语 音乐 体育 美术	活力双语剧场	中英文双语戏剧欣赏及表演课程
		活力中华	中华传统文化赏析与体验，传统工艺制作课程

五、构建活力课程体系

综上所述，基于活力办学思想，学校构建了“思想活力”“认知活力”“行为活力”三大课程群，在明确三大课程群的定位和目标的基础之上，对国家课程进行了校本化分类，并在充分分析课程资源和课时的基础之上，立足三大课程群，设计了七门精品课程，对国家课程进行补充和完善。同时，还设计了俱乐部课程，通过俱乐部课程对精品课程又形成一个更深层次的拓展，最终构建了石油实验小学的活力课程体系（图3-2，图3-3）。

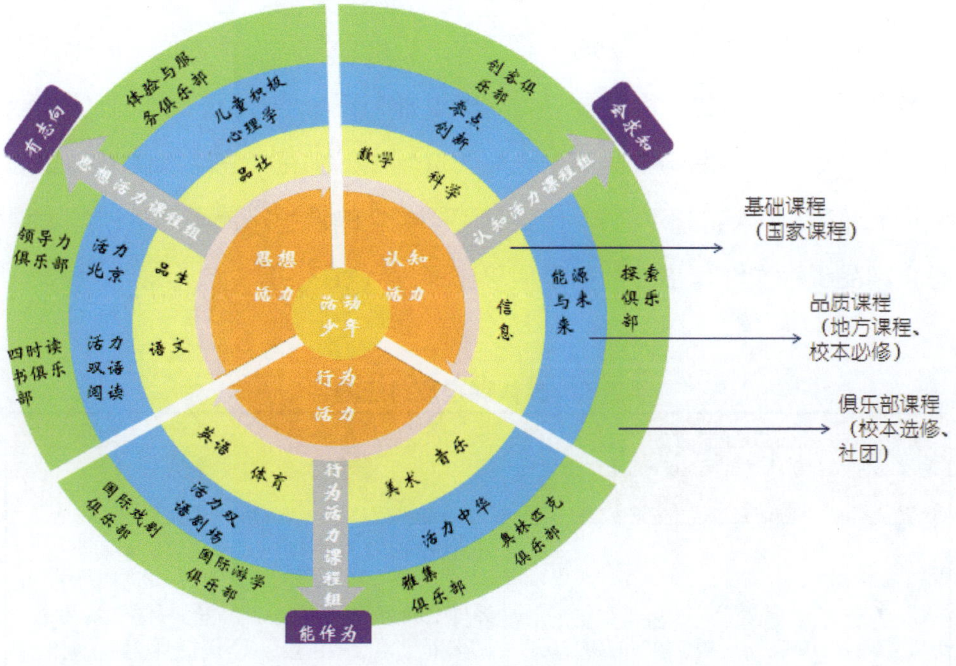

图3-2 石油实验小学活力课程体系

图 3-3 石油实验小学活力课程体系结构

在设计课程体系结构图时，将三大课程群形象地设计为三个火花，因为教育不是一句口号，而是要在育人的过程中不断地践行、砥砺我们的教育理想和信念，而活力就是其中研磨、迸发出的火花，它点燃的是师生的激情和希望。火焰的不同层次代表着不同类型的课程，最里面的是国家课程，精品课程次之，最外面则是俱乐部课程（表 3-9）。

表 3-9 具体课程及对应内容

<table>
<tr><td rowspan="2">课程群</td><td>基础课程</td><td>精品课程</td><td>俱乐部课程</td></tr>
<tr><td>国家课程</td><td>地方课程
校本必修</td><td>校本选修
社团课程</td></tr>
<tr><td>思想活力</td><td>语文
品生
品社</td><td>儿童积极心理学</td><td>体验与服务俱乐部　厨师、牙医、木工、农夫、法官、律师、护士、消防员等职业体验；环保小卫士、流动图书馆、众筹社、圆梦社、红十字救助等公益服务
领导力俱乐部　公共演讲、辩论、金话筒少儿主持人、新闻发言人等
四时读书俱乐部　取“四时读书乐”之意，是面向全体学生的分类读书俱乐部</td></tr>
</table>

（续表）

<table>
<tr><th rowspan="2">课程群</th><th>基础课程</th><th>精品课程</th><th>俱乐部课程</th></tr>
<tr><th>国家课程</th><th>地方课程
校本必修</th><th>校本选修
社团课程</th></tr>
<tr><td rowspan="2"></td><td rowspan="2"></td><td>活力北京</td><td></td></tr>
<tr><td>双语阅读</td><td></td></tr>
<tr><td rowspan="2">认知活力</td><td rowspan="2">数学
科学
信息</td><td>零点创新</td><td>创客俱乐部　科幻绘画、网页制作、新媒体编辑、PS 部落、乐高机器人、信息编程、3D 创意打印等
探索俱乐部　苍穹天文社、经纬地理社、数学思维训练、生物探微、化学探微、物理探微、航模、无线电通信等</td></tr>
<tr><td>能源与未来</td><td></td></tr>
<tr><td rowspan="2">行为活力</td><td rowspan="2">英语
音乐
体育
美术</td><td>活力双语剧场</td><td>国际戏剧俱乐部　管乐、合唱、英语歌曲欣赏与表演、英语配音、编剧、服装道具、舞台化妆、舞美设计等
雅集俱乐部　书法、国画、茶艺、花艺、香道、篆刻等传统文化类
奥林匹克俱乐部　武术、足球、跳绳、篮球、健美操、体育游戏、高尔夫、马术等</td></tr>
<tr><td>活力中华</td><td>结合时事、节令以及传统文化随机安排设计</td></tr>
</table>

第四章 精品课程

一、现有课程分析

从系统性看，目前正在实施的校本必修与地方课程设置的系统性较弱，综合性不强，未能通过系统课程体现育人目标（表 4-1）。校本课程的设计必须具有系统性、综合性，这既是全面育人的要求，也是学校育人特色的体现。

表 4-1　现有课程分析

序号	课程名	课程类型	课时	场地	课程性质
1	班会 / 队课	—	16	普通教室	—
2	形体	体育拓展类	16	形体教室	一二年级必修

（续表）

序号	课程名	课程类型	课时	场地	课程性质
3	信息	科学技术类	16	普通教室	一二年级必修
4	数学活动	数学思维类	16	普通教室	一二年级必修
5	外教口语	语言综合类	16	普通教室	一二年级必修
6	英语活动	语言综合类	16	普通教室	一二年级必修

从内容上看，目前正在实施的校本必修与地方课程种类较为单一，主要根据现有资源开设，开设较为随意。在课程类型上，主要以学科拓展补充为主，对校内外教育资源开发利用不够，不能和育人目标相对接，不能较好地体现办学理念和办学特色。其中，形体课程、外教口语课程已经有了一定的基础，并收到了较好的教学效果，应该予以保留，并进行有效整合。同时，还必须充分挖掘校内外课程资源，发展特色学科，对校本必修课程和地方课程进行系统的整合设计，兼顾课程的广度和深度。

二、精品课程指导思想、定位及整合设计

（一）对应活力少年素质模型指标

石油实验的育人目标是要培养有志向、会求知、能作为的活力少年，在育人目标的基础之上，学校又提出了活力少年素质模型。

儿童积极心理学是“思想活力”课程群的一门课程，主要对应学生的情绪力、驱动力、协作力。情绪力——专业心理学学习，学会自我管理；驱动力——树立积极心态，进取拼搏；协作力——塑造积极人格，具有社交智慧和团队合作能力。

活力北京是“思想活力”课程群的一门课程，主要对应学生的情绪

力、驱动力、协作力。情绪力——认识周边的环境，从而更好地认识自己，融入环境并热衷公益服务；驱动力——爱家乡爱祖国，用实际行动投身公益，为建设美好家乡而努力；协作力——在合作学习、社会调查和实践中学会合作、分享和服务。

活力双语阅读是“思想活力”课程群的一门课程，主要对应学生的情绪力、驱动力、协作力。情绪力——在经典作品获得同理心，学会自我管理；驱动力——从文学作品中获得进取的动力；协作力——分组阅读，读书分享会。

零点创新是“认知活力”课程群的一门课程，主要对应学生的学习力、创新力、实践力。学习力——激发学习兴趣，进行系统的创新思维学习，为创新行动打下扎实的基础；创新力——激发、保护并引导孩子的好奇心和想象力；实践力——将创造思维通过实践活动转化为创意产品。

能源与未来是“认知活力”课程群的一门课程，主要对应学生的学习力、创新力、实践力。学习力——学习、接纳新知识，树立科学意识；创新力——感悟科技带来的改变，点燃创新力，发现并在更多领域使用新能源和新技术；实践力——零距离感受自然界魅力，参与实践活动，参与可持续发展行动。

活力双语剧场是“行为活力”课程群的一门课程，主要对应学生的运动力、习惯力、适应力。运动力——在戏剧活动中身心投入，锻炼形体以及身体表现力；习惯力——在戏剧表演中养成良好的审美习惯、礼仪习惯、表达习惯；适应力——由戏剧打开认知社会、理解社会、适应社会的窗口。

活力中华是“行为活力”课程群的一门课程，主要对应学生的运动力、习惯力、适应力。运动力——通过武术等中华传统项目，强身健体，实现精、气、神的完美结合；习惯力——感知中华传统文化的魅力，养成良好的审美习惯和礼仪习惯；适应力——探寻传统文化与当代社会的适应性，将传统文化与现实生活相结合，立足传统文化理解多元文化（表 4-2）。

表 4-2 活力课程对应力表现

	一级	精品课程	对应力
活力少年	思想活力	活力双语阅读	驱动力——从文学作品中获得进取的动力 情绪力——在经典作品获得同理心，学会自我管理 协作力——分组阅读，读书分享会
		儿童积极心理学	情绪力——专业心理学学习，学会自我管理 驱动力——树立积极心态，进取拼搏 协作力——塑造积极人格，具有社交智慧和团队合作能力
		活力北京	情绪力——认识周边的环境，从而更好地认识自己，融入环境并热衷公益服务 驱动力——爱家乡爱祖国，用实际行动投身公益，为建设美好家乡而努力 协作力——在合作学习、社会调查和实践中学会合作、分享和服务
	认知活力	能源与未来	学习力——学习、接纳新知识，树立科学意识 创新力——感悟科技带来的改变，点燃创新力，发现并在更多领域使用新能源新技术 实践力——零距离感受自然界的魅力，参与实践活动，参与可持续发展行动
		零点创新	学习力——激发学习兴趣，进行系统的创新思维学习，为创新行动打下扎实的基础 创新力——激发、保护并引导孩子的好奇心和想象力 实践力——将创造思维通过实践活动转化为创意产品

（续表）

	一级	精品课程	对应力
活力少年	行为活力	活力双语剧场	运动力——在戏剧活动中身心投入，锻炼形体以及身体表现力 习惯力——在戏剧表演中养成良好的审美习惯、礼仪习惯、表达习惯 适应力——由戏剧打开认知社会、理解社会、适应社会的窗口
		活力中华	运动力——通过武术等中华传统项目，强身健体，实现精、气、神的完美结合 习惯力——感知中华传统文化的魅力，养成良好的审美习惯和礼仪习惯 适应力——探寻传统文化与当代社会的适应性，将传统文化与现实生活相结合，立足传统文化理解多元文化

（二）强调润泽于心，砥砺以行

“活力教育”不仅关注孩子的内心，还要关注孩子的行动，这是该教育理念有别于理论教育的所在。校本课程作为国家课程的补充，补充的正是心和行两个方面。润泽于心，不但指向价值观，以及价值观统领下的志向和道德，更关注兴趣、情商等；砥砺以行则是为学生搭建平台和舞台，创造更大的空间、更多的机会让孩子去体验、去想象、去创新、去实践。

儿童积极心理学：润泽于心——儿童积极心理学作为一门专业课程本身关注的就是学生的心理健康、情绪管理和人格发展，通过这门课程，树立积极心态，塑造积极人格，将积极心理润泽于学生的心中；砥砺以行——注重行动的力量，通过心理学游戏和活动，让学生在反思、互动、体验中，运用积极心理学指导、调整自己的言行。

活力北京：润泽于心——活力北京带领学生认识周边的环境，认识自己的家乡，让学生在心中油然而生对家乡、对祖国的热爱，为建设更加和美的家乡而努力；砥砺以行——注重学生的真实体验，带领学生走出课堂，开展社会调查与实践，投身到社会公益行动之中。

活力双语阅读：润泽于心——活力双语阅读让学生在文学作品中获得情感的共鸣和成长的动力，培养同理心，树立远大理想；砥砺以行——在阅读中更注重学生的收获和感悟，通过读书分享会的形式，让学生分享自己的心得，意在让学生将读书和行动结合起来，去指导日常的生活学习。

零点创新：润泽于心——零点创新这门课程，重视对学生兴趣的激发，开启学生的好奇心，点燃学生的想象力，在学生心中种下爱创造的种子；砥砺以行——这门课程非常重视学生动手能力的培养，在不断地尝试、探究、实验、实践之中，将创意转化为真实的产品。

能源与未来：润泽于心——能源与未来这门课程，重视激发学生对能源和科技的兴趣，引导学生树立科学意识，在学生心中种下科技的种子；砥砺以行——能源与未来作为一门研究性学习课程，不仅重视学生的体验，带领学生亲近自然，参观、考察能源行业，同时非常重视学生在实践中研究反思，邀请行业一线人员进行指导，在调查、合作中来共同完成课题，解决问题。

活力双语剧场：润泽于心——在所有的艺术门类里，戏剧是离人最近的艺术。它能改变人的生活态度、人生观及人格修养，在戏剧中感悟人生百态，培养同情心和同理心；砥砺以行——戏剧活动又是一门综合实践活动，它将多种艺术门类综合到一个舞台上，这个过程离不开练习、磨砺、创作，同时，重视学生在戏剧活动中的所感所悟，引导学生以此去影响和指导日常的生活学习。

活力中华：润泽于心——中华优秀传统文化是中华民族的精神家园，

是中华民族的根基和血脉，是中华民族生命力、凝聚力、创造力的重要源泉，是中华民族最深厚的文化软实力。优秀传统文化在思想上有大智，在科学上有大真，在伦理上有大善，在艺术上有大美，发掘、阐释并传播中国传统文化的优秀成分，让学生感受中华传统文化之美，从中国传统文化中挖掘熠熠生辉的精神瑰宝，自觉以弘扬中华优秀传统文化为己任，并不断赋予优秀传统文化以新的时代内涵，树立起文化自信，让优秀传统文化成为学生们的精神支撑和心灵慰藉，从优秀传统文化中汲取实现中国梦的精神力量。

（三）课程定位

对应“思想活力”“认知活力”“行为活力”三大课程群，在注重课程的选择性和多样性的基础上，形成了儿童积极心理学、活力北京、活力双语阅读、零点创新、能源与未来、活力双语剧场、活力中华七门校本必修课程，课程的定位分别为心理健康知识讲授＋团队活动、社会体验活动、读书沙龙、校内动手、研究性学习、戏剧赏析与实践、艺术综合赏析与实践（表 4-3）。

表 4-3　课程定位

课程群	精品课程	课程性质	定　位
思想活力	儿童积极心理学	心理健康类	心理健康知识讲授＋团队活动
	活力北京	社会实践类	社会体验活动
	活力双语阅读	知识延展类	课上导读加课后精读的读书沙龙分享活动
认知活力	零点创造	科技创新类	校内动手课程
	能源与未来	科技创新类	研究性学习
行为活力	活力双语剧场	艺术拓展类	戏剧赏析与实践
	活力中华	艺术拓展类	艺术综合赏析与实践

（四）课程整合与设计

此外，精品课程的设计还要体现整合和减法的思路，将石油实验的原有的做得比较成熟的综合实践课程、地方课程以及校本必修课程进行整合，融入到精品课程当中，体现在精品课的内容设计、课程实施策略、评价方法等各个环节之中（表 4-4）。

表 4-4　与原课程的整合与设计

课程类别	原课程		整合与设计	说　明
国家课程	综合实践	信息技术	零点创新	学习信息技术，学习简单的编程技术，借助互联网，将创意落地
		劳动技术	能源与未来	参观现代农业，参与劳动实践
		研究性学习	能源与未来	根据不同的生态与能源主题，开展研究性学习
		社区服务与社会实践	活力北京	社区志愿者走进社区、爱心众筹计划、安全知识普及等；城市智库走进社区开展主题社会调查，为城市发展出谋划策
地方课程	书法		活力中华 活力双语剧场	活力中华 戏剧海报宣传等
	健康（与生活与科技、体育整合）		活力中华	传统武术练习
	安全与人民防空（与生活与科技、综合实践整合）		活力北京	医疗常识、急救常识、自然灾害等应急等生存技能宣讲、普及
	环境与可持续发展（与综合实践、信息技术整合）		能源与未来 零点创新 活力北京	新能源与环保 科技改变环保 环保公益行动

（续表）

课程类别	原课程	整合与设计	说　明
地方课程	毒品预防（与信息技术整合）	活力北京	防毒公益行动
	生活与科技	活力北京 零点创新 能源与未来	感受科技带给北京的发展与机遇 争当小创客，感受科技带来的创新 感受新能源与新科技带来的变化
	心理教育	积极心理学	人格独立健全、性格积极乐观
校本必修课程	外教口语 英语活动	活力双语剧场	英语剧台词练习、英语剧本教学、国际文化体验与理解、英文经典剧目赏析等
	形体	活力双语剧场	形体练习与礼仪修养是戏剧表演的基础
	信息（一至二年级）	零点创新	学习信息技术，学习简单的编程技术，借助互联网，将创意落地
	数学活动	零点创新	数学思考方法、空间构建、数学应用等

三、精品课程的课时安排

根据可使用的自主排课课时数量，考虑到学生全面均衡发展的要求，以如下比例进行课程分布：低、中、高年段课程数量比为8:5:5，“思想活力”“认知活力”“行为活力”三大课程群的课程数量分别占43%、28.5%和28.5%（表4-5）。

表 4-5　不同年级课程课时安排

课程领域	年级 周课时 课程系列	一年级	二年级	三年级	四年级	五年级	六年级	课时
		课表内	课表内	课表内	课表内	课表内	课表内	
思想活力	儿童积极心理学	0.5	0.5	0.5	0.5	0.5	0.5	3
	活力北京	1	1	1	1	1	1	4
	活力双语阅读	2+0.5*5	2+0.5*5	1+0.5*5	1+0.5*5	1+0.5*5	1+0.5*5	8
认知活力	零点创新	1	1	1				3
	能源与未来				1	1	1	3
行为活力	活力双语剧场	2	2	1	1	1	1	8
	活力中华	1.5	1.5	1.5	1.5	1.5	1.5	9
周课时合计		8	8	6	6	6	6	
自主课程		10	10	7	6	6	9	

同时，学校将中午午休的时间段进行整合，利用上午 7:50—08:00 这段时间来开展晨诵微课，中午 12:30—12:50 这段时间开展阅读微课，进行《活力双语阅读》的课后精读，中午 13:10—13:20 勇于开展空中微课堂。除了周二以外的每天下午 15:30—16:30 这段时间用于俱乐部活动，共计四个下午，其中奥林匹克俱乐部为必选俱乐部，全体学生都需参加。其余三天每天一个大主题，分别对应“思想活力”课程群、“认知活力”课程群、“行为活力”课程群，为可选择俱乐部，学生可在当天开设的俱乐部中择其一参加（表 4-6）。

表 4-6　不同时间段的活动安排

一	二	三	四			
上午 7:50—08:00	中午 12:30—12: 50	中午 13:10—13: 20	俱乐部活动 15:30—16:30			
5 天	5 天	5 天	Day 1	Day 2	Day 3	Day 4
晨诵	活力双语阅读	午间空中课堂	奥林匹克俱乐部	体验与服务俱乐部 领导力俱乐部 四时读书俱乐部	创客俱乐部 探索俱乐部	国际戏剧俱乐部 国际游学俱乐部 雅集俱乐部

四、精品课程的内容设计

精品课程的学年课时安排表见表 4-7（每学年按 32 周计算）。

表 4-7　精品课程学年课时安排

课程 年级	思想活力			认知活力		行为活力	
	儿童积极心理学	活力北京	活力双语阅读	零点创意	能源与未来	活力双语剧场	活力中华
一	16	32	64+80	32		64	48
二	16	32	64+80	32		64	48
三	16	32	64+80	32		32	48
四	16	32	32+80		32	32	48
五	16	32	32+80		32	32	48
六	16	32	32+80		32	32	48
合计	96	192	288	96	96	256	288

（一）儿童积极心理学

课程内容共开发了 24 个小学生心智课的设计方案，这些活动设计包括环境适应、自我发展、情绪管理、学习心理、人际交往五个领域。其中每个活动设计方案均包括主题背景、活动目的、活动方法、活动准备和活动过程五大部分，每个方案最后均设计了“温馨提示”栏目，为教师们更好地开展不同主题的班级心理辅导活动课提供参考。

1. 课程设计依据

（1）符合教育政策。《国家中长期教育改革和发展规划纲要（2010—2020 年）》明确提出：“加强心理健康教育，促进学生身心健康，体魄健康。”

（2）顺应教改趋势。近年来，心理健康教育越来越受到重视，不少地区和学校已经将心理课程纳入必修课程。

（3）结合国内外教育背景。幸福课（积极心理学）是哈佛大学排名第一的公开课，国内的一些高校（例如清华大学）也已经开展了专门的“儿童积极心理学”研究，这门课的开设是符合国内外教育趋势的，并有了一定的课程基础。

（4）紧扣育人目标。专业心理学学习，学会自我管理；树立积极心态，进取拼搏；塑造积极人格，具有社交智慧和团队合作能力，培养孩子情绪力、驱动力、协作力，从而成长为具备思想活力的活力少年。

2. 课程教学目的和要求

通过学习、训练，学生们能够身心健康、快乐成长；培养学生爱的能力和感知幸福的能力；塑造儿童积极人格，能够积极乐观地面对生活和学习；实现自我管理，自我发展。

3. 课程框架与内容

根据学生的认知水平，划分为以六个阶段。

（1）积极心理学——理解幸福的本质。在这一阶段，学生首先要了解什么是幸福，继而对积极人格之创造性，积极人格之好奇心，积极人格之开放、积极人格之好学、积极人格之洞察力、积极人格之勇敢、积极人格之毅力、积极人格之诚实、积极人格之热情、积极人格之爱与被爱的能力、积极人格之善良、积极人格之社交智慧、积极人格之团队合作、积极人格之公平、积极人格之领导力等积极人格特质有一定的了解和认识，教师通过学生熟悉的事例和故事帮助学生去理解，从而激发其积极的心理特质。

（2）积极心理学——个人力量。在这一阶段，学生要学习什么是力量，继而了解成长中的个人力量，成长中学习的力量，成长中的社会力量。这个时候，他们将对动力有一定的认知，知道动力从何而来以及如何去获取动力，知道个人力量带来的意义，从而去发掘自我的力量，发展自我的力量。教师还需要教会学生正确的学习和生活习惯，帮助学生拥有旺盛的精力与热情，带领学生学习如何做到坚持与努力，如何学会专注与投入，如何掌握学习的速度，如何变得愿意接受挑战，从而变得渴望解决问题。这是一个不断发现、挖掘自我的过程，教师要善于利用榜样的作用帮助学生找寻并拥有个人力量。

（3）积极心理学——情绪幸福感。在这一阶段，教师将带领学生学习什么是情绪，理性地去认识自己的情绪，包括愤怒、恐惧、悲伤、愉快、惊讶、厌恶、羞愧等各种情绪，剖析这些情绪产生的根源以及带来的影响，并学会去识别自己的情绪，管理自己的情绪，学会自我激励，善于自我调动积极性。同时，还要学习如何识别他人的情绪，并将它运用到人际关系培养与维持当中，培养学生的同理心，帮助学生掌握积极情绪的四大支撑，培养积极情绪，从而获得情绪幸福感。

（4）积极心理学——积极沟通能力。在这一阶段，学生将学习积极沟通，首先要了解什么是沟通，明白积极沟通的作用，掌握积极沟通的原则一面对面的同步，温和，生理上亲近，归属与保护，共同关注，互惠互利和话轮转换，支持接受挑战，鼓励和赞扬等。通过活动课程：探索积极的非语言沟通的影响以及探索消极的非语言沟通，逐步认识语言的力量，学会欣赏式地关注，掌握语言技能，学会积极有效沟通。

(5) 学习的力量。在这一阶段，教师将带领学生，学习如何掌握学习的方法、学会学习、养成成功学习的五种技能，养成成长型思维模式——学习受到所花功夫的驱动；错误是学习的一部分，进步来源于不断练习；缓慢而谨慎地前进也能抵达目的地，坚持往往能够取得成功，练习能够带来突破，能很好地控制结果等。教师要善于挖掘学生身边的典型，以故事的形式带领学生发现并掌握学习的力量。同时，这一阶段还要带来学生发现自我的兴趣，启迪他们的天赋，带领学生制定现实目标。通过开设随意课程和开放日、家长会，举办“我们的舞台”等系列活动给学生创造展示自我的平台，激发学生的学习兴趣和学习力。

(6) 恢复力。在这一阶段，学生慢慢进入青春期，他们也随之而来面临很多的挫折与挑战，如何直面挫折，迎接挑战，恢复力就显得尤为重要。学生将学习什么是恢复力，以及恢复力的根基，学会理性地认识成长的烦恼，学习如何培养独立的恢复力——优化个人力量，强大的个人目标，幽默，运动与增强活力，乐观精神，积极性，避开诱惑，坚持不懈，解决问题等，通过这些主题的学习，逐渐地培养学生自我恢复力，建立积极心理。课程还设置“活力童年，扬帆起航”这一主题活动，在学生之间开展成长主题分享。

4. 课程实施策略

主要采用理论讲授和实践活动相结合的形式，包括游戏活动、小组讨论、角色扮演、电影教学等多种互动教学模式，低年级段根据学生年龄特点，可采用故事导入和游戏教学法，侧重于课堂的趣味性；中高年级段则可采用案例分析、电影教学、课堂演讲等多种形式，侧重于课堂的参与和互动。

（二）活力北京

活力北京课程紧密结合北京这一历史文化古都的文化积淀和特色，以及其作为首都在文化、经济中心和国际化大都市的地域特点和发展方向，将传统和教育进行紧密结合，利用优质的社会资源和行业优势开发出来的系列课程。走进银行、医院、城市行政职能部门、社区、景点、街区、博物馆等，深度体验城市文化，在真情实感的积淀中提升表达能力。

目前已经开发的课程有《七彩蝶园区活动》《阳光少年》《多彩农耕、快乐体验》《定向越野》《参观义利面包厂》《蓝天城实践体验》《苹果主题公园》等。每次活动均设有各类问题和思考，让学生带着问题参观，提升学生的思考能力。

1. 课程设计依据

（1）符合教育政策。《国家中长期教育改革和发展规划纲要》明确指出：学思结合。倡导启发式、探究式、讨论式、参与式教学，帮助学生学会学习；鼓励学生积极参与志愿服务和公益事业。

（2）发挥资源优势。首都北京是政治、经济、文化中心，公共设施健全、文化产业蓬勃、且有很多此类公益组织和优质基金，这为课程实施提供了便利。

（3）结合国内外教育背景。借鉴“JA 课程”，I“B 课程”，整合热门的家乡教育、安全教育、民族教育、理想教育、博物馆课程、公益行动等。

（4）紧扣育人目标。认识周边的环境，从而更好地认识自己，融入环境；爱家乡爱祖国，为建设美好家乡而努力；走出校园，走进社区和社会，接触、了解并适应社会，培养孩子驱动力、情绪力、协作力，从而成长为具备思想活力的活力少年。

2. 课程教学目的和要求

通过学习、训练，学生们能够身心健康、快乐成长；培养学生爱的能力和感知幸福的能力；塑造儿童积极人格，能够积极乐观地面对生活和学习；实现自我管理，自我发展。

3. 课程框架与内容

根据学生的认知水平，划分为以下六个阶段。

(1) 认识北京。这一阶段，教师将带领学生认识城市功能区域划分，认识交通，学会安全出行；认识医院，学会看病就医；认识商场，学会购物；认识银行，学会理财；认识传媒，新闻零距离。学生将走进市政大厅，认识行政职能部门及其功能；走进消防局，了解消防员的工作内容，掌握火灾预防以及逃生技能；走进公安局，了解警察的工作内容，掌握相应的安全知识，学会报警和自救；走进环卫系统，了解环卫工人的工作内容，明白环保的重要性，并从身边的小事情做起，参与到环保行动当中；参观城市规划设计院，了解城市规划设计。组织公益行动：文明出行小卫士，争当城市公共交通志愿者。

(2) 北京风景名胜。这一阶段，教师将带领学生认识北京城市区域划分，走进著名的文化休闲街区——艺术与时尚的聚集地，主题公园——多彩的大千世界，世界文化遗产——人类的宝藏，京郊旅游——览尽自然之美，剧院——体验精彩的现场，音乐厅——倾听美妙的旋律，通过课堂讲解和亲身体验感受北京这所城市的丰富多彩。组织公益行动：活力小导游。

(3) 北京历史文化。这一阶段，学生将近距离系统体验北京的历史文化，了解周口店的“北京人”，古老的城墙和城门，中轴线上的古老建筑，古宫廷建筑，漕运和积水潭，琉璃厂文化街，北京的古寺庙、古桥，老北京胡同等，同时，教师还将带领学生寻访北京的名人故居，去切身体会北京深厚的人文底蕴，追忆发生在北京的历史故事以及发生在北京的历史名人故事。开展公益行动：老北京历史文化知多少，走进社区，宣讲北京的历史文化。

（4）北京民俗艺术。这一阶段，学生将系统地学习北京的民俗艺术，包括岁时节令礼俗，民间掌故传说，老北京的庙会，北京绘画艺术，北京风味小吃，跟着老师一起学习兔儿爷和毛猴的故事以及制作，学习老北京民间手工艺品的制作等，教师要善于调动学生的积极性和参与性，从学生熟悉的事物出发，带领学生去体验活生生的民俗艺术，感受传统文化的魅力。组织公益行动：老北京民俗展，集中展示学生的手工作品。

（5）博物北京。这一阶段，学生将跟随教师参观中国国家博物馆，中国航空博物馆，中国科技馆，中国美术馆，中国电影博物馆，北京自然博物馆，北京天文馆等我们身边的博物馆，充分利用北京的博物馆教育资源。在每个专题开始之前，学生将系统学习相关博物馆的知识，带着问题到博物馆，实地开展学习。组织公益行动：博物馆志愿者，让学生当一回博物馆的讲解员。

（6）我和北京。这一阶段，教师将通过榜样故事向学生系统讲解北京精神，学生将对北京精神有自己的感悟和认知。同时，开展医护常识及应急逃生技能普及，开展社区服务，将这些应急措施和逃生技能普及给更多的人。开展城市智库活动，针对城市发展过程中出现的问题，展开调查并出言献策，为城市发展助力。

4. 课程实施策略

主要采用理论讲授和实践活动相结合的形式，包括游戏活动、小组讨论、角色扮演、电影教学等多种互动教学模式，低年级段根据学生年龄特点，可采用故事导入和游戏教学法，侧重于课堂的趣味性；中高年级段则可采用案例分析、电影教学、课堂演讲等多种形式，侧重于课堂的参与和互动。

（三）活力双语阅读

石油实验小学自从建校以来就确立了英语特色办学的指导方针，在校领导的大力支持下，本着提高英语教学质量和效益的宗旨，激发学生学习英语兴趣的目的，每年都会举办具有特色的英语节活动。

英语新课程标准中指出“语言有丰富的文化内涵。在外语教学中，文化包括所学语言国家的传统习俗。在学习英语的过程接触和了解外国文化有益于对英语的理解和使用，有益于培养学生的国际意识”。另外，新课程改革强调学生通用英语做事情，在做事情的过程中发展语言能力、思维能力以及交流与合作的能力。语言学习要通过创设良好的语言环境和提供大量的语言实践机会，使学生通过自己的体验、感知、实践、参与和交流形成语感。双语阅读调动了学生参与活动的积极性，激发了学生学习英语的兴趣，拓宽了学生学习的途径与方式。

新课程明确提出，现代教学要拓宽学科学习和运用的领域，加强学科之间的横向联系，注意利用其他学科教学活动成果与本学科教学活动进行有机整合，在整合中为学生的全面发展提供更广阔的学习空间。在英语教学中，这种整合也可以理解为“无边界”“跨学科”的学习。

1. 课程设计依据

(1) 符合教育政策。新课改更加强调阅读，更加注重阅读能力的培养和阅读方法的训练。

(2) 发挥资源优势。石油实验传统优势：英语是石油实验的强项，英语学科基础扎实，为双语阅读的开展提供支持。

(3) 结合国内外教育背景。国外发达国家如美国、德国等都非常重视学校的阅读教育，倡导全民阅读；国内也意识到阅读的重要性，将阅读放在越来越重要的位置。

（4）紧扣育人目标。从文学作品中获得进取的动力；在经典作品获得同理心，学会自我管理；通过分组阅读，读书分享会学会与他人合作分享，培养孩子驱动力、情绪力、协作力，从而成长为具备思想活力的活力少年。

2. 课程教学目的和要求

通过学习，学生们能够读有所得，拥抱梦想，在经典阅读中树立人生理想；以读书为伴，以读书为乐，在阅读中激发兴趣和求知欲；在经典阅读中提高语言素养和能力，提升人文素养；在经典阅读中提高对文化的感知力和体验能力。

3. 课程框架与内容

根据学生的认知水平，划分为以下六个层次。

（1）阅读初体验。这一阶段，主要是对阅读有一个初步体验，中文阅读和英文阅读是分开进行的，英文部分主要对英文字母、英文平度有一定的基础认识，中文阅读主要精选国际经典绘本，如：《玛德琳》《小兔彼得和他的朋友们》《猜猜我有多爱你》《爷爷一定有办法》《100 万只猫》《我绝对绝对不吃番茄》《我有友情要出租》等，用过生动有趣的绘本故事，激发学生阅读的兴趣，增加学生的词汇量。同时，在绘本选择上选用国际经典绘本，这有对学生理解多元文化打下一定的基础。

（2）儿歌、童谣与民国经典阅读。这一阶段，主要是开展儿歌、童谣与民国经典阅读，中英文阅读是分开进行的。我们精选民国经典老教材、老读本以及绘本，如：陈鹤琴编著的《新英语读本》《少年英文诗歌选读》，根据著名北方童谣改编的绘本《一园青菜成了精》，《丰子恺儿童漫画选》《名家散失儿童文学作品集》《分年儿童诗歌》《少年音乐与美术故事》等，通过阅读一方面增加对经典传统文化的认识，另一方面也学习英文诗歌、读本，积累词汇量，增强对于多元文化的理解。

（3）中英文双语绘本阅读。这一阶段，主要开展中英文双语绘本阅读，开始尝试着双语同步阅读，学校精选外研社童话盒子双语绘本系列书籍，如《小红帽》《丑小鸭》《穿靴子的猫》《糖果屋历险记》《白雪公主和七个小矮人》《睡美人》《阿里巴巴和四十大盗》《阿拉丁和神灯》《皮诺曹》《爱丽丝漫游奇境记》等，通过简单的双语阅读，一部分了解经典的童话故事，另一方面也增加英文词汇量。开展经典童话配音活动，增强对故事角色的理解和学生的表现能力。

（4）短篇阅读。这一阶段，主要开展一些简单的短篇阅读，学校精选外研社英语短篇连连看系列书籍，如：《冬眠的熊》《远古的书写》《土拨鼠日》《孤独的冥王星》《篝火之夜》《谁写了〈指环王〉》《国菜黑白配》《西红柿与蚊子》《豚鼠的小秘密》《三千岁的小年国王》等，话题均取自学生的日常生活和学习内容，包括文化、风俗、动植物、人体知识、语言文学、科学技术、音乐、美术、媒体、地球知识和环境、历史名人、体育运动和现代社会生活等话题。开展双语故事会，在阅读的基础上，开展中英文故事会，学生分组用双语讲故事。

（5）双语对照阅读。这一阶段，主要开展双语对照阅读，在难度上又进了一级，精选牛津书虫系列入门级系列书籍开展阅读活动，如：《生存游戏》《侠盗罗宾汉》《白色巨石》《红酋长的赎金》《吸血鬼猎手》《逆戟鲸》《雾都疑案》《亚瑟王传奇》《亚瑟王朝里的美国人》《把钱拿出来！》等。开展双语故事会，在阅读的基础上，开展中英文故事会，学生进行原创故事创作，并用双语讲故事。

（6）世界经典名著译读。这一阶段，学生有了一定的双语阅读基础，开始开展世界经典名著译读，学校精选外研社“非常漫画”双语名著系列书籍开展阅读活动，如:《简•爱》《麦克白》《远大前程》《弗兰肯斯坦》，每一本书涉及一个主题，通过经典名著阅读，引发学生对爱情、对友谊、对金钱、权力以及科学有一定的思考，引导学生树立正确的人生观、价值观。开展世界名著读书分享会，分享最喜爱的一本世界名著；开展世界经典名著配音，选取经典童话故事的戏剧片段，在对故事内容和人物特点充分理解的基础上，分组进行配音。

4. 课程实施策略

主要以课上导读加课后精读的形式开展，采用小组学习的方式，并以读书沙龙的形式进行分享。低年段根据学生年龄特点，可采用游戏教学法，侧重于学生的参与和课堂的趣味性；中间年段根据课程内容，可以以动画或影片的形式导入，并采用情境教学法、角色扮演等方式，主要侧重于分享和互动；高年级的学生主要以读书沙龙的形式开展，侧重于综合知识的积累和语言素养的形成。

（四）零点创意

在《国家中长期教育改革和发展规划纲要》中明确指出，培养学生的创新精神是课程改革的重点方向。在开发校本课程过程中，学校结合自身育人理念，开发了以“零点创新”为主题的一系列精品课程。

根据学生的年龄特点及认知水平，零点创新课程划分为三个阶段：创新科学启蒙，创意乐高和创客艺术家。

一、二年级创新科学启蒙，每周一课时，课程通过科学实验快速提升学生动手能力、专注力、观察力、自信力、表达能力和组织能力等，通过DIY 手工制作小实验，逐步培养孩子爱动手、爱合作、爱表达、爱观察、爱思考、爱提问的良好习惯，全面提升学生的科学素养。

三年级创新乐高，实行了“两节联排”（90 分钟）大课堂，隔周上一次的形式。课程实施以乐高 9697 为载体，采用乐高 4C 教学法，第一阶段“联系”，教师通过图片、故事以及游戏等帮助学生把过去的生活经验与教学目标联系起来，让学生的头脑中有本节课内容的模型；第二阶段“建构”，根据活动目标，让学生搭建相应的模型，过程中，各方面能力得到不同层次的提高；第三阶段“反思”，组织他们讨论模型与真实事物之间的联系，从而积累更多的活动经验和生活常识；第四阶段“延续”，这个阶段是想让学生在自己搭建的基础上，作一些修改和创新，进一步拓展他们的想象和动手能力。

四到六年级创客艺术家，同样采用了“两节联排”（90 分钟）大课堂，隔周上一次的形式。课程以 Hooyah 与 Bizbiz 两个动漫人物探险历程为主题，贯穿涵盖电子技术、计算机、数学、物理、艺术等学科知识，带领学生开始由科技引领的探索大冒险，跨越创意设计，MBLOCK 趣味编程，将科技转化为应用，通过科幻写作训练，使学生对生活有更深的体会与感受，最终让学生享受到动手创造的快乐。旨在培养学生对知识的整合能力，动手创造能力，提升学生的创新思维能力，通过编程，让学生养成缜密思考问题的能力发展逻辑思维能力，通过项目制学习培养学生提出问题、制定计划、解决问题和表达与交流的能力，培育学生正确健康的科学价值观，积极引导学生树立独立思考、自由探索、勇于创新的科学态度。能够多角度看问题，多维度去思考问题。

零点创新课中突出实践性、探究性，集创新教育、体验教育、项目学习等思想为一体，契合了学生富有好奇心和创造力的天性。在各年级课程的平台下，融合科学、数学、艺术等学科知识，着重培养孩子们解决问题的能力，以及解决问题的逻辑，意在培养学生数学与科学素养在生活中的应用实践。

1. 课程设计依据

(1) 符合教育政策。创新精神的培养是教改的重点和方向。十八届三中全会及《国家中长期教育改革和发展规划纲要》都明确指出了这一点。

(2) 发挥资源优势。学校周边东升科技园内有不少高新技术产业，同时家长资源中也有从事高新创意工作的人才，可以整合这方面资源来开设课程。

(3) 结合国内外教育背景。这门课是创客俱乐部的基础课程，2014年的国际高等教育权威报告《地平线报告》指出，创客将在 3 到 5 年之内形成影响教育发展的关键趋势，并取得实际效果。国内创客教育发展较快，不少学校都建立自己的创客空间。

(4) 紧扣育人目标。通过创新教育，培育学生的创新思维，让学生发挥充分的想象力，将他们创造性的想法变成现实，激发学习的兴趣和欲望，培养学生的学习力、创新力和动手实践的能力，从而成长为具备认知活力的活力少年。

2. 课程教学目的和要求

通过学习，激发学生兴趣，让学生在寓教于乐的学习中提高学习的兴趣；激发好奇心和丰富的想象力，培养学生的创造力；培养学生的动手实践的能力；培养学生的团队合作和解决问题的能力。

3. 课程框架与内容

根据学生的认知水平，划分为三个阶段。

(1) 创意手工。这一阶段，主要是开展创意手工，包括黏土、剪纸，把一张薄薄的纸折出一个个不可思议的形象；自制玩具，利用身边的废旧材料和天然素材，就可以制作出既好玩又实用的小东西；生活中的小创造，通过生活中的小创意动手发明制作有趣的玩具，如胸章 DIY、小丑面具、塑料瓶赛车等。

（2）创新乐高。这一阶段，主要学习创意乐高，从乐高搭建到乐高机器人，搭建方法与技巧，在搭建中完成自己的小创意；了解机器人构造和原理，学习简单基础的机械原理，尝试着动手制作机器人。

（3）Scratch 简单编程。这一阶段，主要学习 Scratch 简单编程。Scratch 是由麻省理工学院推出的编程工具，是适合于全世界儿童学习编程和交流的工具和平台。可以用来创造互动式故事、动画、游戏等，学生通过学习 Scratch 程序设计的基础知识，尝试着将 Scratch 简单编程与学科知识相结合，和老师一起发明设计程序，启发创意思维。

4. 课程实施策略

主要采用教师讲授与学生动手实践相结合的形式，包括小组合作学习、探究性学习等多种教学模式展开教学。在课堂教学时，教师可以展示创意作品来进行新课的导入，激发学生的好奇心和兴趣。同时，每个阶段难易程度不同，侧重点也不一样。第一阶段的教学侧重于动手和参与；第二阶段的教学侧重于小组合作，共同完成乐高项目；第三阶段的教学侧重于探究，在实践中发散思维，将想象变为现实。

（五）能源与未来

1. 课程设计依据

（1）符合教育政策。近年来，能源工作和生态工作受到前所未有的重视，从小培育孩子用科技改变能源结构和生态系统的科学意识。

《国家中长期教育改革发展规划纲要》提出：注重知行统一，坚持教育教学与生产劳动、社会实践相结合。充分利用社会教育资源，开展各种课外、校外活动。加强中小学校外活动场所建设。

（2）发挥资源优势。依托奥林匹克森林公园，带领学生认识自然，接触自然，同时形成活动联办；依托东升科技园“智慧农业体验中心”打造校外实践基地，通过参观学习，并引入无土栽培技术；作为石油学院附属校，在能源教育方面有一定的优势，整合资源，通过设计将这种优势作用在课程上。

(3) 结合国内外教育背景。德国华德福教育崇尚自然，重视劳动与生活的结合，开设专门的农业课程；日本也非常重视劳动教育，日本从幼儿园就开始能源与环保相关教育；丹麦从一年级开始有相关课程；新加坡经常会组织学生到此类工厂参观等。

(4) 紧扣育人目标。学习、接纳新知识，树立科学意识；点燃创新力，发现并在更多领域使用新能源和新技术；零距离感受自然界的魅力，参与实践活动，参与可持续发展行动，培养学生的学习力、创新力、实践力，从而成长为具备认知活力的活力少年。

2. 课程教学目的和要求

通过学习，让学生接触自然、认识自然、探究自然，从大自然中得到乐趣；让学生认识新能源、了解科技对能源结构的改变和未来生活的改变；鼓励学生积极参与面向可持续发展的决策和行动，成为有社会实践能力和责任感的公民；激发学生追求现代科技和新知识的兴趣，提高研究能力、创新思维、动手能力、帮助学生进行反思并采取行动。

3. 课程框架与内容

根据学生的认知水平，划分为三个阶段。

(1) 自然生态。这一阶段，主要是学习自然生态的相关知识。包括：走进自然之植物篇，让学生认识身边的植物，参与到园林职务的栽培养护中，与森林公园的系列活动相结合；走进自然之生物篇，森林公园物种种类丰富，其中不乏珍稀动物，通过观察身边生物的生存状态，让学生了解生物对环境的重要作用；自然地貌及气候生成，通过认识森林、湖泊、湿地，了解自然地貌及气候生成。

（2）能源与生产。这一阶段，主要是对能源和生产有一定的认识。包括：近距离接触现代农业，了解农业发展史，认识农作物，掌握农业常识，依托东升科技园“智慧农业体验中心”，引入无土栽培技术；了解生物能源与能源农业，教师带领参观青少年农业科普示范基地，了解并探究能源农业，开发和利用能源作物。

（3）新能源。这一阶段，主要是对能源有一定的认知，学习传统能源，包括煤炭、石油、天然气、水能等；学习新能源，包括太阳能、地热能、风能、海洋能、生物质能和核聚变能等，认识新能源与环保的关系；了解我们身边的新能源，实地考察新能源产业，比如走进奥林匹克森林公园、东升科技园的新能源科技等。

4. 课程实施策略

主要采用教师讲授与研究性学习相结合的形式，向深度学习方式转变，开展以项目为基础的学习、以问题为基础的学习、以询问为基础的学习，在教学模式上采取小组合作学习、参观教学法等多种互动形式。同时，采用“请进来 + 走出去”的方式，不但组织学生去生产生活一线，获得直观认识，还要请业内一线工作人员来校分享经验。第一阶段的教学侧重于社会实践，依据课题开展校外调查研究；第二阶段的教学侧重于动手实验和观察体验；第三阶段的教学侧重于合作和研究，通过调查研究来共同解决问题。

（六）活力双语剧场

“义务教育阶段的英语课程具有工具性和人文性双重性质”（教育部，2012），通过戏剧表演的活动形式，引导学生积极参与到真实的英语学习中。教育戏剧是用戏剧方法与戏剧元素应用在教学或社会文化活动中，让学习对象在戏剧实践中达到学习目标和目的；教育戏剧的重点在于学生参与，从感受中领略知识的意蕴，从相互交流中发现可能性、创造新意义。英文戏剧教育以一种全新的视角打开了儿童综合素质培养的新大门。它不仅仅是英文和戏剧的简单组合，而是在戏剧中激发天性，引导孩子遇见更好的自己。“语言来自生活，生活传递真情。”英语学习的语言产出活动还是要归回于学生最基本的生活现实，以此增加语言学习的真实性、运用性、可操作性。在此，采用英语戏剧表演的语言活动任务，还原孩子的本真生活，激发孩子通过自己的想象和积极的思维参与，让英语学习的产出活动的实施更真实、更有趣、更高效。这样既提高了孩子们的综合语言运用能力，又引导他们感知了中西方文化的差异，提升了综合人文素养，使学生丰富生活经历，不断发展其自身的创新能力，形成跨文化意识，增强爱国主义精神 。让更多的孩子在平凡的英语学习生活中体验不平凡的“戏剧人生”。

为了让学校英语教育与国际接轨、与时代同步，学校大力推进英语戏剧教育，搭建各种平台，在提高英语老师专业素养的同时，为老师学习英语戏剧教育的相关理论、参加英语戏剧教育相关培训提供方便，提高了教师队伍的综合素养，开拓了教育教学的新视野。同时，学校请来英语戏剧教育专业团队，开办英语戏剧社团，为学生深入学习英语戏剧提供了宝贵的经验。

1. 课程设计依据

(1) 符合教育政策。十八届三中全会关于教育改革的内容：改进美育教学，提高学生审美和人文素养。

戏剧教育是处于国际前沿的一种教育方法，作为一种艺术教育形式，作为一个教学媒介，作为一种创造性教育的手段，对学生的综合素质，包括提高教师的教育教学策略都有非常重要的作用。

(2) 发挥资源优势。英语学科是石油实验学校的强项，英语学科基础扎实，为活力双语剧场的开展提供支持；学校美育功底扎实，以管乐、武术为代表的各类社团蓬勃发展；教学硬件设施优势，多功能教室一应俱全。

(3) 结合国内外教育背景。戏剧作为一种综合艺术形式，在学校教育、社会教育中都有相当重要的作用。教育戏剧有着近百年的历史，在发达国家深受重视，并逐渐形成了一套完整的理论和实践体系，这对当下我们的教育改革有着重要的借鉴意义。近年来，戏剧教学在国内蓬勃发展，北上广、长三角、珠三角等经济发达地区发展较快。

(4) 紧扣育人目标。在戏剧活动中身心投入，锻炼形体以及身体表现力；在戏剧表演中养成良好的审美习惯、礼仪习惯、表达习惯；由戏剧打开认知社会、理解社会、适应社会的窗口，培养学生的运动力、习惯力、适应力，从而成长为具备行为活力的活力少年。

2. 课程教学目的和要求

通过戏剧这个综合艺术门类，体验艺术带来的乐趣，喜爱艺术，热爱生活；提高学生对艺术的感受力、鉴赏力，拥有良好的审美习惯、礼仪习惯和表达习惯；通过戏剧，培养学生的综合素养，树立自信心；养成良好的性格和健全的人格，引导学生热爱真善美，富有同情心和同理心，自我发展和完善。

3. 课程框架与内容

根据学生的认知水平，划分为六个阶段。

(1) 形体与礼仪。第一阶段，主要学习和掌握形体训练的基础理论和训练方法，提高体育文化素养和审美情趣。开展礼仪教育，学习礼仪知识，训练得体的举止言行，包括个人礼仪、校园礼仪、家庭礼仪、社交礼仪、电话礼仪、餐桌礼仪、舞台礼仪、观影礼仪、公共场所礼仪等；开展形体训练，包括姿态练习及基本动作练习，基本舞步，舞姿韵律训练，姿态与表情等，为戏剧表演打下基础。

（2）绘本戏剧。这一阶段，主要以双语绘本为剧本，理解绘本人物特色，人物情感世界，进行简单的角色扮演，学习基础的戏剧表演。包括：对绘本的理解，对绘本角色的把握，语音练习，绘本台词训练，绘本表演实训，绘本音乐把握，绘本舞美制作，绘本道具制作，绘本服装设计，绘本演出海报设计等，最终完成绘本演出。

（3）戏剧基础知识。这一阶段，主要学习戏剧的基础知识，包括戏剧的类型、剧本、戏剧冲突、剧本的情节结构、戏剧语言、序幕与尾声、台词与潜台词、动作语言、对白、独白与旁白、戏剧导演及舞台调度、舞台效果等，了解戏剧的简单知识，对戏剧各个环节，台前幕后的各个岗位有一个大概的了解，并把握自己感兴趣的方向。

（4）经典戏剧赏析。这一阶段，主要开展经典戏剧赏析，观摩中英文经典戏剧光盘，包括中华传统地方戏剧赏析、舞台上的中华文学精粹、经典儿童剧赏析、经典话剧赏析、经典歌舞剧赏析、舞台上的世界经典名著赏析、莎士比亚经典戏剧赏析等。通过教师讲授，帮助学生理解剧情和情感，学会鉴赏。

（5）戏剧创作与表演。这一阶段，主要进行戏剧创作与表演，学生以小组为形式开展中英文戏剧创作，从对白创作到故事续写，再到故事改编，最终具备原创故事的撰写能力。在班级开展原创剧本评选，评比出学生们喜闻乐见的剧本，教师经过专业指导，帮助学生进行原创戏剧排练，学生进行原创戏剧的舞台展示。

（6）毕业大戏。这一阶段，主要开展毕业大戏的创作。以班级为单位，学生分组申报选题，在教师的指导下最终确认戏剧主题；在选题的基础上，学生分组，进行剧本的创作；对剧本进行分析，在充分领悟剧本内涵和人物特点的基础上，生成戏剧脚本；学生申报角色承担任务，师生根据戏剧人物特点，对剧中人物进行角色挑选；在教师的指导下，开展戏剧排练活动；学生分组，根据剧情需要和人物特色进行舞美设计与制作；撰写海报文字，设计手工海报、电子海报，开展毕业大戏新闻宣传等，最终以班级为单位进行舞台表演，展示班级毕业大戏。

4. 课程实施策略

主要采用理论讲授与实践教学相结合的方式，包括戏剧教学法、情境教学法、角色扮演等多种互动教学模式。同时，邀请专业戏剧人士来校指导。低年段主要侧重于基本功的训练和戏剧体验活动；中间年段主要侧重于戏剧专业知识的掌握和鉴赏；高年段主要侧重于戏剧创作能力和舞台综合能力的培养。毕业大戏的编排采用导师制，以学生创作实践活动为主，戏剧导师指导为辅，并邀请专业剧团、专业教师进行定期指导。

（七）活力中华

活力中华是行为活力课程组的一门课程，通过学习，使学生们能够感受中华传统文化之美，在潜移默化中受到熏陶和感染；从中国传统文化中挖掘熠熠生辉的精神瑰宝，从而继承和发扬传统美德；在传承中习得良好的礼仪风范、高雅的情趣、坚韧的意志、高远的追求；弘扬中华传统文化，立足传统文化理解多元文化，树立民族自尊心、自信心、自豪感。

其中一二年级开设中华武术、三四五年级开设书法每周 1 课时，一至六年级开设传统节日、二十四节气、面塑、陶艺、插花、中国结，每周 0.5 课时。

中华武术，根据低龄学生好动的特点，学生通过武术课了解武术历史与发展，武术的精神，培养刻苦训练的意志。书法课可以认识文房四宝，了解书法的分类，认识历代各种文字和文字的发展史。学习书法的空间构成和基本构架，赏析楷体、行书经典作品并试着临摹。传统节日主要学习春节、端午节等传统节日风俗和礼节。二十四节气，学生在课上初步了解二十四节气的意义以及历史由来、节气 名称的含义、时间划分等。面塑课让孩子们认识面塑艺术、了解面塑的渊源、特点、种类。使孩子们充分感受到中国传统民间艺术的独特魅力。陶艺课上老师介绍陶艺的起源和发展，分类和工艺。它与绘画、雕塑、设计、以及其他工艺美术等有着无法割舍的传承与比照关系。五年级插花课上了解插花艺术的概念、中国插花艺术的发展简史以及各类插花。中国结是一种中国特有的手工编织工艺品，中国结代表着团结、幸福、平安，高年级孩子注意力时间持久，它精致的做工深受学生们的喜爱。

为了让学生深刻感受中华传统文化与节日之美，我校每学期都会有计划地举办以传统节日为主题的感恩教育活动，将理论与实践教学相结合推进到课堂教学当中。例如上学期的中秋节、春节等，下学期的清明节、端午节等。

这些课程采取小组合作、参观教学等多种互动形式，让孩子有更直观的认识，从侧重于文化的体验到侧重于对文化的认知再到侧重于对文化的弘扬与传播。让每个节日的文化意义深深扎根于孩子们的心中。

通过对活力中华校本课程体系的学习，通过中华传统运动项目，强身健体，实现精、气、神的完美结合；感知中华传统文化的魅力，养成良好的审美习惯和礼仪习惯；探寻传统文化与当代社会的适应性，将传统文化与现实生活相结合；立足传统文化理解多元文化，培养学生的运动力、习惯力、适应力，从而成长为具备行为活力的活力少年！

1. 课程设计依据

（1）符合教育政策。国家高度重视中华优秀传统文化教育工作，“培育和弘扬社会主义核心价值观必须立足中华优秀传统文化”已将其社会价值和地位确定无疑。

（2）顺应教改趋势。学校体艺功底扎实，武术教学已经走进课程形成特色，书法、诵读、民族舞、纸艺等社团初具规模。

(3) 结合国内外教育背景。为贯彻落实党的十八届三中全会关于完善中华优秀传统文化教育的精神，落实立德树人根本任务，进一步加强新形势下中华优秀传统文化教育，各地区中小学都将传统文化教育作为工作的重中之重。

(4) 紧扣育人目标。通过中华传统运动项目，强身健体，实现精、气、神的完美结合；感知中华传统文化的魅力，养成良好的审美习惯和礼仪习惯；探寻传统文化与当代社会的适应性，将传统文化与现实生活相结合，立足传统文化理解多元文化，培养学生的运动力、习惯力、适应力，从而成长为具备行为活力的活力少年。

2. 课程教学目的和要求

通过学习，使学生们能够感受中华传统文化之美，在潜移默化中受到熏陶和感染；从中国传统文化中挖掘熠熠生辉的精神瑰宝，从而继承和发扬传统美德；在传承中习得良好的礼仪风范、高雅的情趣、坚韧的意志、高远的追求；弘扬中华传统文化，立足传统文化理解多元文化，树立民族自尊心、自信心、自豪感。

3. 课程框架与内容

(1) 传统仪式教育。根据学生的年龄特点开展开笔礼、束脩礼、豆蔻礼、成童礼等系统传统仪式活动。开笔礼选择在一年级开展，主要对学生进行开蒙启智，提升学习的责任感和使命感，同时传扬尊师孝亲的传统美德；束脩礼选择在三年级开展，体现中华民族尊师重教的崇高风尚，由学生亲手制作小礼物，让学生们在活动中亲身感受、体验尊敬师长的中国传统文化；豆蔻礼选择在五年级开展，分享和见证孩子们的成长、进步，畅享校园生活，拥抱真挚友谊，记录美好童年，帮助学生形成正确的友谊观；成童礼则在六年级开展，意在让参加礼仪的少年告别童年、感恩立志，知晓父母养育之恩，学会孝敬父母。

（2）中华武术。在一至二年级开设，与其他内容平行进行。了解武术基本功练习方法；掌握武术手型，步型，手法，步法；培养刻苦锻炼的意志精品；中华武术介绍，了解武术的历史与发展，武术的精神，学习基础的武术步法、动作及拳法等，如仆步，歇步，弓步冲拳，马步冲拳，弓步变马步，里合腿，驾掌正踢腿，推掌侧踢腿，五步拳系列拳法练习及组合动作等。

（3）书法艺术。在三至六年级开设，与其他内容平行进行，包括文房四宝介绍、书法及文字发展史、书法门类、书法结构与笔画、书法临摹、运笔法与结字法、楷体经典作品鉴赏、楷书硬笔书写、楷书毛笔书写、名人书法故事、行书硬笔及软笔经典作品赏析、行书硬笔书写、行书软笔书写、当代书法名家作品、隶书硬笔及软笔经典作品赏析、隶书硬笔书写、隶书软笔书写。

（4）中华传统节日。这一阶段，主要学习春节、端午、中秋、重阳、元宵、除夕等传统节日风俗和礼仪。教师讲解节日的由来、背后的传统故事、习俗、吃食、相关的诗词歌赋，文学作品。通过不同的节日主题，开展不同的活动，如老师和学生们一起动手做月饼、包粽子、煮腊八粥等，给更多的人送去温暖和问候。

（5）二十四节气与中华武术。这一阶段，主要学习二十四节气的历史、节气命名、节气分类、节气规律、节气习俗等，配合二十四节气宣传画，系统地阐释每个节气的风俗习惯，以及其与季节、气候现象、气候变化的关系，与农作物生长的关系，与健康养生的关系，新鲜的时令食材，相关的诗词歌赋，古人雅趣的生活方式等。

（6）面塑。这一阶段，主要让学生认识面塑艺术；了解面塑的渊源、特点、种类；尝试制作面团的基本方法；介绍各种面塑的技法；学习十二生肖的制作方法。培养提高学生的观察分析能力、动手能力、三维空间能力，从而不断开发想象力，提高学生综合造型能力。不仅培养学生的爱国情怀，还提升了审美情趣，使他们充分感受到华夏传统民间艺术的独特魅力。

(7) 陶艺。这一阶段，主要体验中华陶艺，教师带领学生了解陶艺的起源和发展，分类和工艺，介绍陶瓷材料以及制陶的基本步骤，包括揉泥，成形，装饰，烧制；介绍每一个步骤需要注意的事项和技巧，教师进行分步骤示范，包括泥条盘筑，拉坯成型法，手捏成型法，模制成型法等，掌握窑炉烧成工艺，以常见的盒、罐、瓶等造型为例，通过示范演示了解窑炉烧成的基本工艺流程，让学生全程参与窑炉的整个烧成过程。带领学生开展陶艺设计与创作，通过个性化的造型游戏，用泥土大胆自由地把见闻、感想表现出来，体验陶艺造型活动的乐趣。

(8) 插花。这一阶段，主要体验中西方插花的历史，包括插花艺术流派及其风格特点。掌握插花艺术学的基础知识，领悟插花、造型与鉴赏的基本原理，通过动手实践提高学生对插花的创作与应用能力，增强学生的艺术修养，培养学生对花卉艺术品的鉴赏能力，促进学生综合素质提高。

(9) 中国结。这一课程在六年级实施。其主要内容包括：万字结、藻井结、双环结、酢浆草结、如意结、云雀结、斜卷结、纽扣结、琵琶结、团锦结、盘长结等十几种基本结的编织技法。在课程实施中，教师采用讲练结合与小组合作探究的方式，帮助学生掌握中国结之基本结的编制，使学生在感受和体验劳动带来的快乐的同时，提高学生自主探究和与人合作的意识及实践能力，增强学生对中国传统手工艺术的热爱，进而弘扬和传承中华传统文化。

4. 课程实施策略

主要采用理论讲授与实践教学相结合的方式，以项目制的形式来推进课堂教学，在教学模式上采取小组合作学习、参观教学法等多种互动形式。采用“请进来 + 走出去”的方式，不但组织学生去博物馆、文化馆、传统文化工作坊参观学习，获得直观认识，还要请传统文化相关专业教授、业内一线工作人员、非物质文化遗产传人等来校授课，分享经验。第一阶段的教学侧重于文化体验，第二阶段的教学侧重于文化认知；第三阶段的教学侧重于文化弘扬与传播。

第五章 俱乐部课程

一、校本选修课程及社团课程分析

通过对现有校本选修课程按照类型进行归类和梳理，校本选修课及社团可呈现如下表 5-1。

表 5-1　校本选修课程及社团分类

序　号	校本选修课程	课程类型	周课时	场　地
1	花样跳绳	体育拓展类	16	操场
2	篮球	体育拓展类	16	篮球场
3	健美操	体育拓展类	16	训练馆
4	中国民族民间舞	艺术拓展类	16	形体教室
5	合唱	艺术拓展类	16	音乐教室

（续表）

序　号	校本选修课程	课程类型	周课时	场　地
6	管乐	艺术拓展类	16	排练厅
7	儿童画创作	艺术拓展类	16	美术教室
8	儿童创意绘画	艺术拓展类	16	美术教室
9	纸艺	综合实践类	16	教室
10	红十字应急救护	综合实践类	16	普通教室
11	心理课本剧	综合实践类	16	普通教室
12	机器人	科学技术类	16	科学教室
13	数学思维训练	数学思维类	16	普通教室
14	经典诵读	语言文学类	16	普通教室
15	英语绘本	语言文学类	16	普通教室
16	英语故事	语言文学类	16	普通教室

表 5-2　社团类型及名称

社团类型	社团名称
艺术拓展类	管乐
	儿童画
	书法
	数字油画
	线描画
	橡皮泥手工制作
	折纸
体育拓展类	花样跳绳
	篮球
	武术

（续表）

社团类型	社团名称
	健美操
语言文学类	英语绘本故事
	英语阅读
	英语说唱
综合实践类	科学
科技类	机器人

从表 5-2 中可以看出，目前开设的校本选修课程共计 16 门，课程数量比较丰富，但是也不难看出其中存在的问题和不足。

第一，校本选修及社团课程总体开设较为随意，主要依据教师兴趣和特长开设。第二，这些课程主要以学科拓展、艺术拓展类和体育拓展类为主，并设不均衡。第三，课程深度不够，科技创新类、数理类校本选修课程相对薄弱。第四，课程系统性较弱，缺乏与其他课程的连续性。因此，必须与学校育人目标相结合，对校本选修及社团课程进行系统设计，找准其发展定位，形成对校本必修课程的有效拓展和延伸。

二、俱乐部课程的设计思路

在“活力”课程体系中，学校选择一些适合的、有一定基础的校本选修课程及社团课程进行整合，设计了俱乐部课程，作为课程体系的第三级，定位为精品课程的延伸和拓展，旨在为学生提供更为多元的选择，体现出多样性和选择性，同时，也为在某些领域有突出潜质的学生提供更专业的指导，以及更深入的学习和实践机会，使他们能在擅长的领域更有追求。

三、俱乐部课程的内容设计

在俱乐部课程的内容设计上，学校一方面考虑对现有的做得比较好的校本选修课程和社团课程进行保留和整合，另一方面，考虑对于精品课程的拓展性，充分延续精品课程的内容。在“思想活力”课程群，设计了体验与服务俱乐部、领导力俱乐部、四时读书俱乐部；在“认知活力”课程群，设计了创客俱乐部、探索俱乐部；在“行为活力”课程群，设计了国际戏剧俱乐部，国际游学俱乐部、雅集俱乐部、奥林匹克俱乐部。

体验与服务俱乐部： 俱乐部主要分为两部分，一部分是职业体验，包括深度体验厨师、理财师、银行职员、证券分析师、医生、护士、护婴师、消防员、法官、律师、木工、农夫、美发师、化妆师、西点师等各类职业，重点突出财商类的职业体验，帮助学生掌握财商的基本知识，锻炼数理运算能力、逻辑思维能力和创新思维。在公益服务部分，则包括众筹、环保小卫士、红十字救助、流动图书馆等，让学生主动参与并策划公益活动，鼓励青少年发现并培养自身的领袖才能，懂得社会关怀，培养社会责任感，融入集体和社会。

领导力俱乐部： 俱乐部旨在培养和提升学生的领导力。通过开展公共演讲、辩论、金话筒少儿主持人、新闻发言人、模拟联合国等课程及活动，促进学生的领导力学习与培养，促使学生从小树立对所在社区或社会主动作出贡献的人生观、价值观，乃至以承担全球责任为使命，体现出极强的全球视野、国际视野，彰显出丰富的价值内涵，具备卓越的领导力才能，引领自己和他人共同改善自我、团队与社会。

四时读书俱乐部： 俱乐部名字取于朱熹《四时读书乐》这首诗，这也向同学们表达了期许，希望俱乐部的成员能够漫步文苑，感受四时读书之乐。俱乐部旨在营造浓郁的读书氛围，培养阅读兴趣，提高阅读能力，开阔眼界、拓宽知识面，提高审美情趣和人文底蕴，主要包括古籍阅读、西方文学阅读、拉美文学阅读、乡土文学阅读、科普阅读、科学趣味阅读等多个种类。

创客俱乐部：俱乐部旨在为小创客提供一个学习、交流的平台，并充分利用创客空间这一平台，开展科技创新与综合实践活动，提高学生综合应用知识能力和动手创造能力，让孩子们在“做”与“玩”的过程中充分享受创造与发展的乐趣。主要包括：科幻绘画、网页制作、新媒体编辑、PS 部落、乐高机器人、信息编程、3D 创意打印等课程及活动。

探索俱乐部：俱乐部旨在为那些对数学、科学等学科有兴趣的同学提供一个开展研究性学习的平台，充分利用首都青少年科技教育得天独厚的优势，在科学普及的基础上，对那些崭露才华的“科学苗子”早发现、早培养，通过提前开展科学活动，培养学生数学思维，渗透理化生地等学科知识，激发学生兴趣。主要包括：苍穹天文社、经纬地理社、数学思维训练、生物探微、化学探微、物理探微、航模、无线电通信等课程及活动。

国际戏剧俱乐部：俱乐部旨在为热爱戏剧艺术的学生提供一个与戏剧艺术深度接触，展示自我的舞台。戏剧作为一种综合艺术形式，它本身综合了文学、音乐、美术、舞蹈、书法等多项艺术门类，通过俱乐部帮助学生进一步提高艺术综合素养，引导他们热爱真善美、发展和完善自我认知、自我调控能力，养成良好的性格和健全的人格。主要包括：管乐、合唱、英语歌曲欣赏与表演、英语配音、编剧、服装道具、舞台化妆、舞美设计等课程及活动。

国际游学俱乐部：俱乐部旨在开拓学生国际视野，体验多元文化和社会形态，提升学生的国际理解能力以及跨文化交际能力，帮助学生开阔视野、增长见识、锻炼意志、了解自我、关怀他人。主要包括：以世界历史、世界地理、天文、生态、种族、宗教等为主题的“世界主题”课程及活动；搭建各类国际游学平台，开展主题式国际交流与合作，与国外友好学校的交流互访，与外国学生一起体验原汁原味的国外营地文化，开展当地生活体验、社区服务，提升海外生存技能等。

雅集俱乐部：雅集在古代专指文人雅士吟咏诗文、议论学问的集会，亦有弹琴、品茗、闻香等其它雅事，而今天的雅集主要是指弘扬中国传统文化的精华。雅集俱乐部以“兴趣先行，各得其所”为宗旨，为传统文化爱好者提供了一个深度学习国学的平台，意在将传统文化融入到生活之中，成为一种雅致的生活方式，弘扬古韵风情，享受尔雅之美，以达到正心、明理、悦性、雅趣、尚礼、崇德的育人目的。主要包括书法、国画、茶艺、花艺、香道、篆刻、纸艺、编织、陶艺、刺绣、古琴、京剧、民族民间舞、古玩鉴赏、中医等。

奥林匹克俱乐部：俱乐部定位是以校园足球为引领的涵盖武术、跳绳、篮球、健美操、体育游戏、高尔夫、马术等多个运动项目的体育综合俱乐部。石油实验小学是校园足球实验校，俱乐部一方面要发挥校园足球的引领作用，传承足球精神，建设校园足球专业梯队；另一方面还要充分体现丰富性和选择性，为学生提供更多、更专业的选择，让每个学生在锻炼身体的同时都能找到自己喜欢并擅长的运动项目（表 5-3）。

表 5-3　俱乐部课程内容及方向

课程群	俱乐部	内容及方向
思想活力	体验与服务俱乐部	职业体验：厨师、理财师、银行职员、证券分析师、医生、护士、护婴师、消防员、法官、律师、木工、农夫、美发师、化妆师、西点师等 公益服务：众筹社、环保小卫士、红十字救助、流动图书馆等

（续表）

课程群	俱乐部	内容及方向
	领导力俱乐部	公共演讲、辩论、金话筒少儿主持人、新闻发言人、模拟联合国等
	四时读书俱乐部	面向全体学生的分类读书俱乐部：古籍阅读、西方文学阅读、拉美文学阅读、乡土文学阅读、科普阅读、科学趣味阅读等
认知活力	创客俱乐部	科幻绘画、网页制作、新媒体编辑、PS 部落、乐高机器人、信息编程、3D 创意打印等
	探索俱乐部	苍穹天文社、经纬地理社、数学思维训练、生物探微、化学探微、物理探微、航模、无线电通信等
行为活力	国际戏剧俱乐部	管乐、合唱、英语歌曲欣赏与表演、英语配音、编剧、服装道具、舞台化妆、舞美设计等
	国际游学俱乐部	以世界历史、世界地理、天文、生态、种族、宗教等为主题，开展“世界主题”课程及活动，加强国际理解，搭建国际游学平台，开展主题式国际交流与合作
	雅集俱乐部	书法、国画、茶艺、花艺、香道、篆刻、纸艺、编织、陶艺、刺绣、古琴、京剧、民族民间舞、古玩鉴赏、中医等。
	奥林匹克俱乐部	以校园足球为引领，涵盖武术、跳绳、篮球、健美操、体育游戏、高尔夫、马术等多个项目

第六章 评价体系

一、对学生的课程评价

对学生的评价的应当坚持学分制，推行等级制，重视多元评价及过程性评价，注重描述性评价，以形成石油实验小学的学生综合素质评价体系。

（一）坚持学分制

学分制是学生学业完成情况的定量评价标准。按照国家课程逐渐减少，校本课程逐渐增加的原则，石油实验应当设计出一套完善的学生学分制度，明确规定学生在校六年期间应该修得的国家课程学分、精品课程学分以及俱乐部课程学分。在学分总体分布要求之下，分别设置必修和选修学分分布。按照每 16 课时计算为 1 学分，学生按照要求修得学分后方可毕业，未修得学分的学生应当重修相关课程。

（二）推行等级制

学生的学科课程成绩逐渐以等级形式替代分数形式呈现。等级的评定标准根据该学科同时选修的学生人数按照一定比例确定，通常设置方法如表 6-1 所示。

表 6-1　等级设置方法

排名比例	等级	排名比例	等级
前 5%	A+	26%~50%	B
6%~20%	A	50% ~ 90%	C
21%~25%	B+	90% 以后	D

（三）重视过程性评价

以学生为主体，将终结性评价和过程性评价相结合，变结果性评价为过程性评价，更注重学生的个人成长，关注学生在课堂中的表现，关注学生在综合实践活动中的表现。重视过程性记录，老师记录课堂内外所观察到的所有学生的表现，建立学生成长手册，跟踪学生的成长轨迹。不再用一次考试来评价学生，而是注重平日一次次的积累。在评价手段上，讲究多元性，即根据不同学院课程实施的方式不同，相关课程评价方式也有所不同，但评价原则是一致的，即坚持多元主体评价和加大过程评价比重（表 6-2）。

表 6-2　学生课程过程性评价

评价主体	过程性评价	终结性评价
思想活力学院	占总评价权重的 60%，一方面是课堂表现，评价指标包括：课堂出勤、课堂参与度、课堂发言主动性及质量、与他人合作的能力等。另一方面是学生成长过程评价，由心理辅导教师评价，重点关注学生志向驱动力和克服困难挫折的意志力	占总评价权重的 40%，主要以主题演讲、舞台表演、故事会等形式开展
认知活力学院	占总评价权重的 50%，以辅导教师评价为主，以小组互评为辅，评价指标包括：课堂出勤、课堂参与度、与他人合作的能力等	占总评价权重的 50%，以作品展示、研究报告为主，关注学生项目角色及贡献、团队配合、研究态度及抗挫折能力、时间管理能力等
行为活力学院	占总评价权重的 40%，以辅导教师评价为主，以小组互评为辅，评价指标包括：课堂出勤、课堂参与度、项目和活动态度等	占总评价权重的 60%，以作品展示、汇报演出为主，关注学生角色承担与完成情况、组织与领导力、合作能力、临场应变能力、自我管理能力等

（四）注重描述性评价

描述性评价集中体现了质性评价的理念，是对分数评价等量化评价的一种有效补充，这种评价着重从整体的人的视野出发，在关注学生知识的同时，更关注学生的能力和素养。在师生日常教育教学过程中，老师对学生思想和行为要用心观察与倾听、描述与理释，洞悉学生不可测量的方面，进而理解他们的个性特点和生存状态，以此为其进一步成长提供更有力的支持。根据学科的特点和内容，每一位任课教师每学期要给每个学生写评语，改变了原有的只有班主任写评语，学科重视分数的简单评价模式。

二、对教师的课程评价

对教师的课程评价围绕课程开发、实施、效果的三个主要阶段展开。

（一）对课程开发的评价

对课程开发的评价应坚持学生导向和激励导向。校本课程的开发应以学生需求为中心，因此，在对校本任选课程评价过程中，最重要的指标就是满足学生需求和学生的课程满意度。以多样性和选择性为目标，在鼓励全体教师参与校本任选课程开发的基础上，争取做到每学年校本任选课程以 1.5:1 的比例让学生进行自主差额选课。是否被一定数量学生选择并成功开课，应作为教师校本课程开发的重要考核指标之一。

另外，应逐步建立校本课程开发的激励机制。一方面在教师绩效考核体系中，明确校本课程开发指标，原则上所有教师都应具备校本课程开发和实施的能力。另一方面逐步建立校本课程评优和买断机制，针对校级优秀课程，学校出资对该教师团队进行版权奖励，并可通过信息化的手段，以此类课程档案为基础开展线上云课程建设。

（二）对课程实施的评价

对课程实施的评价，应兼顾专家反馈、教师反馈、学生反馈、家长反馈四个方面进行综合评价。在专家反馈方面，学校定期组织校内外的课程专家在课程实施过程中以听评课为主要形式，对校本课程的实施进行指导和评价。在教师反馈方面，组织同类型课程教师定期对正在实施的校本课程进行听课、集体研讨和评估，引导教师关注教育目标，把握学生兴趣，有效开展校本课程。在学生反馈方面，定期组织学生代表座谈会和问卷调研，及时掌握学生对课程实施的意见和建议，并以此作为对课程实施进行评价的重要依据。在家长反馈方面，定期通过家长座谈会、家长问卷、家长满意度调查等方式，及时获取家长对校本课程开发与实施的需求和反馈，以此作为课程实施评价的重要补充。

（三）对课程结果的评价

对课程结果的评价应强调与课程目标的对应，主要考察学生作品与学生成长两个方面的成效。学校应通过为学生搭建各种展示平台的方式，以活动为载体集中展示学生在校本课程中的学习成果和作品，这样既能调动学生学习的积极性，又能横向比较各类课程的效果，同时对课程结果给予评价。另外，在学生成长方面，学校应建立一套完善的综合素质评价体系，建立学生综合素质评价平台，通过多媒体和信息化的手段，跟踪记录学生的表现、学生演示作品及学生成长感言等。这种电子成长档案不但可以更为全面客观地评价学生在课程中的成长，作为课程建设的重要素材，还可以方便不同学生间的横向比较，开展大数据教学分析，同时也为学生一下阶段的学习提供参考。

附 录

活力课程教学设计

附1 心智课教案——积极心理学课程

课题 我的情绪蛋糕

【**主题背景**】托马斯指出……如何让学生在成长过程中逐步学会调节自己的情绪，控制自己的行为是心理健康教育的重要内容。本节课设计的重点在于帮助学生分享和感受更多的情绪体验，通过……

【**活动目标**】

1. 认识情绪的多样性，认识常见的情绪。

2. 知道面对不同的情境，不同的事件会产生不同的情绪。

【**活动准备**】情绪蛋糕用图每人一张，情绪词条若干、歌曲《幸福拍手歌》等。

【**活动方法**】游戏体验、讨论等。

【**活动过程**】

一、抓手指游戏，感知情绪（5分钟）

1.“抓手指”的游戏规则：……

2. 学生思考并交流：……

3. 教师小结：……

二、梦想剧场，了解情绪的多样（10分钟）

1.“梦想剧场”游戏……

2. 学生思考并交流：……

3. 教师归纳：

(1) 情绪的多样性。

（2）情绪的四种基本类型：喜、怒、哀、惧。

教师小结：……

三、快乐体验，了解情绪的多变（8 分钟）

活动一：情绪乐曲……

活动二：情绪脸谱……

1. 学生写出遇到下面的情况，产生的 1 种情绪或感受。

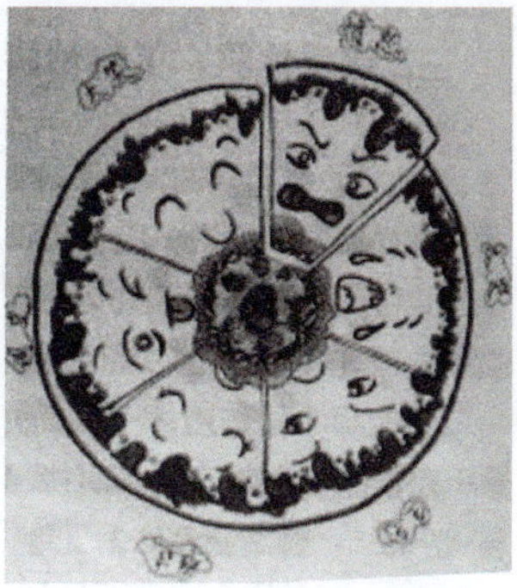

2. 学生交流。

3. 教师小结。

四、情绪蛋糕，了解情绪状况（15 分钟）

1. 教师发给学生每人一张情绪蛋糕图片。

2. 学生完成自己的情绪蛋糕，并涂上颜色。

3. 组内交流。

4. 班内交流。

五、唱《幸福快乐歌》，传递快乐（2 分钟）

教师总结：……

温馨提示

情绪是心理辅导活动课的重要主题，不同的年龄段都可以进行情绪主题的辅导。但是，需要注意的是，要根据不同年龄段的学生的特点，设置不同的教学目标。低年级的教学目标主要是认识一些常见的情绪，感受情绪的多样性；知道面对不同的情境、不同的事件会产生不同的情绪。至于认识积极情绪和消极情绪，以及调节情绪的方法，可以到中高年级再涉及，教师在教学的时候一定要把握好教学目标。本节活动课的“情绪蛋糕”环节，旨在让学生了解自己平时的情绪状况，交流的时候，要让学生说清楚不同的颜色分别表示什么情绪。

附2 活力北京课程

课题 “北京颐和园”实践体验活动方案

一、活动背景

学生正处在不断学习新的知识、思想快速成长阶段，他们拥有服务社会、报效国家的理想与抱负。给学生提供了走进并深入了解祖国名胜古迹，又能提高历史综合素质的平台，通过参观颐和园了解颐和园的人文历史，了解中华优秀的园林文化和北京的水脉系统，增强荣誉感和历史感。

二、相关课程结合

本次活动结合课程：园林、思品、语文、历史、综合实践课。

结合目标：结合园林科学、思想品德、语文、综合实践课、历史等相关知识，通过参观颐和园，培养学生们关注园林和历史的发展，养成重视社会实践的习惯，做到现场观察，现场发现，现场感悟，让学生们能够真正亲近历史，亲近科学，亲近人文，亲历历史探索，接受历史文化知识教育，在参观中学会思考。

三、活动目标

(1) 使学生们在活动中接触园林知识，认识我国的园林艺术和古人的智慧，提高对历史文化保护意识，增长历史文化知识。

(2) 培养学生们收集资料、交流资料的能力，学会自主与合作学习的主人意识与主人精神。

(3) 激发学生们对人文文化和历史的探究和兴趣和了解。

(4) 向学生们进行热爱园林艺术，崇尚人文历史文化，树立科学思想的教育，做传播历史文化知识、热爱园林艺术的社会主人。

四、活动过程

（1）参观颐和园，占地了解颐和园的构成和功能。

（2）参观颐和园牙刷的行政区和休闲戏楼，了解清代三大戏楼之一的德和园大戏楼。

以仁寿殿为中心的行政区，是当年慈禧太后和光绪皇帝坐朝听政，会见外宾的地方。仁寿殿后是三座大型四合院：乐寿堂、玉澜堂和宜芸馆，分别为慈禧、光绪和后妃们居住的地方。宜芸馆东侧的德和园大戏楼是清代三大戏楼之一。

（3）颐和园中轴线的构成和号称“世界第一廊”的“长廊”。对比昆明湖和西堤与西湖苏堤。

（4）万寿山后山、后湖，苏州买卖街和“园中之园”。了解颐和园的园林艺术。

（5）综合以上信息，各班上交手抄报、观后感和照片作品。

要求：内容丰富，画面美观，感受真实，照片有特色。

预期成果

情手抄报或感想，在年级或学校橱窗中展示。指导教师可指导学生有目的记录重要知识信息，师收集信息，向全班同学展示大家的活动成果，对他们的汇报成果给予肯定和评价。班主任老师将学生的观察成果收集起来，进行整理，并保存。

附3 活力双语阅读课程

课题一 西游记

一、指导思想与理论依据

充分利用综合性学习活动可以真正有效地促进与辅助名著的阅读，而综合性学习活动是手段与方式。作为载体，综合性学习活动的整个过程是学生搜集整理材料，语言表达以及协作配合等诸多能力的培养过程；作为目标，名著的导读是为了激发学生名著的阅读兴趣，培养并养成诸如文本研读等良好的阅读习惯。

教学的目标明确，之后的教与学才可以有的放矢。综合性学习活动具有主题性、创造性、探究性、综合性等典型特征。既然将名著的导读寄托在综合性学习活动这一形式上，就必须要尊重这些特征与特性，并且需要充分挖掘与发挥其功用。

二、教学内容分析

我国的四大古典名著是中华民族的瑰宝，引导学生阅读名著，从中了解中华民族的历史以及文化底蕴。作为六年级一个学期的《西游记》课外阅读活动，通过学生读、讲、画、演等不同形式了解西游故事，学习有关西游知识，欣赏品味《西游记》的文学语言，多维度地了解西游人物形象，体会作家描写人物的各种写作手法，在创意阅读中尝试设计自己的个性化阅读成果汇报作业，使他们感受到成功的喜悦。在学习语言的同时，培养发展学生的表达能力，表演能力，收集整理信息的能力，文字鉴赏能力，评判文学人物的能力等，使学生在实际运用中感受语言的魅力，接受优秀文化的陶冶和熏陶，从而提升他们的语文综合素养。

三、学生情况分析

1. 在以往的语文教学中，我们注重让学生在个性化阅读中，积极思考，和伙伴一起探究文本，加深理解和体验，受到情感熏陶，获得思想启迪，享受审美乐趣。尊重学生独特的阅读感受、体验和理解，力图通过个性化的阅读作品来交流师生间的心得。

2. 注重学生阅读方法的培养和引导。例如：培养学生“咬文嚼字”的习惯；培养学生联系上下文阅读的习惯；培养学生阅读：眼到、手到、心到的习惯；培养学生在阅读中进行比较阅读的习惯。提倡孩子们通过多角度的、有创意的阅读，利用阅读期待、阅读反思和阅读批判等环节，拓展思维空间，提高阅读质量。

四、教学方式和教学手段

1. 难点分析学生的个性差异和认知水平的限制，对于《西游传》的历史背景较陌生，因此对于文中人物的行为是非辨析有困难，会干扰活动主题的深入开展。其次，因为多种因素（诸如电视电影的戏说、盗版书籍的不负责任等），学生“记忆库”中的《西游记》情节混乱，甚至有些还是错误的。

在设计整个阅读方案时，有意识地引导学生更多地从文学写作角度来赏析《西游记》。了解有关西游知识，欣赏品味《西游记》的语言，多维度了解人物形象的刻画，体会人物的各种写作手法，学会归类、整理、积累语言材料，丰富语言。提高文化涵养，提升语文素养。

五、技术准备

PPT 课件

六、教学目标

通过本节课学习，学生能够：

（1）通过广泛阅读《西游记》，扩大学生的阅读视野，感受不一样的人生境遇及处世方法，激发学生阅读古典名著的兴趣。

在学生充分阅读古典名著《西游记》的基础上，熟知西游故事，汲取中国古典文学作品丰富优美的语言营养。

（2）培养学生收集资料处理材料的能力，学会归类积累语言材料，丰富语言。

（3）通过评析人物，敢于提出自己的看法，发表自己的见解，发展学生个性，提高口语表达能力和思辨能力，并初步学会全面认识人物，客观地分析人物的能力。

（4）学以致用，学习名著中刻画人物的手法，迁移到平时的习作中，使人物更加活灵活现，性格更加鲜明，形象更加丰满。

七、教学重、难点

引领学生采用个性化的阅读，学会读书与思考相结合，读出自己的独特感受。

教学流程示意图

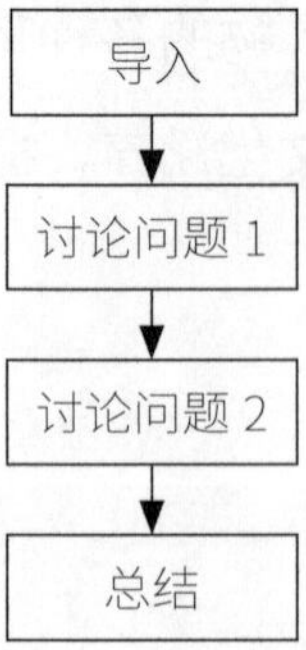

八、教学过程

1. 导入《西游记》的不同演绎版本

（1）《西游记》中故事和人物，你最早是怎么了解到的？

【预设】学生的回答会主要围绕三方面来谈：①家长或同伴讲述；②看电视中的视频；③学生自己看青少版的《西游记》④听评书等音频。

引导思考：在听到这些故事，知道这些人物后，你当时的想法是怎么样的？谁来说一说。

动画片《三打白骨精》　动画片《大闹天宫》

央视86版西游记

电影《大话西游》　手游《大话西游》

【设计目的】①联系生活引入，使学生能快速融入到课堂中，为下一环节做铺垫；②引导学生回忆自己获取资料的过程，并与阅读原著进行对比，体会阅读原著的作用。

（2）同学们，我们看看这些图片，你能简单说出里面的人物和故事吗？

【设计目的】首先解决“是什么”的问题。使学生对《西游记》的认识，由影视漫画的浅层了解以及改版后的认识，过渡到对原著的理解上。

也通过这一环节引发第一个讨论的问题。

2. 讨论问题一

（1）本学期，在读过《西游记》后，书中哪些内容和你之前的认识不一样？具体说一说。

【预设】不一样的两个点：书中的人物，如谁挑着担和牵着马等；故事情节，如三打白骨精等。

【设计目的】其次解决“为什么”的问题。学生通过对比，明确原著的特点和价值。激发学生阅读整本原著的兴趣和自信，也间接体会阅读经典原著的乐趣。

（2）在读过原著后，你对《西游记》的感受有哪些变化？

引导：此处要引导学生提炼原著在写法上如环境描写、铺垫等特点，并注意价值观的引导。

【设计目的】使学生体会原著在情节上的丰富，以及对人物刻画的细腻。

3. 讨论问题二

（1）同学们，我们通读原著之后，在你看来：师徒四人的取经之路，是一条____________________的路，说说理由。

要求：1. 在横线内填入词语。

2. 以小组为单位，分工明确，进行讨论。

3. PPT 展示交流过程中的“星级评价”。（如下图）

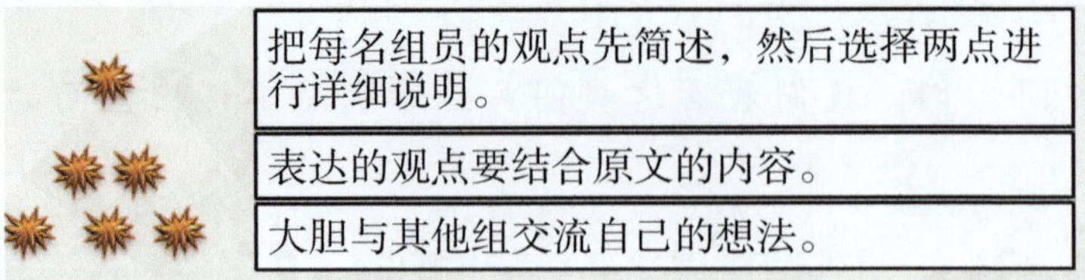

【设计目的】这是一道开放性题目，学生可以从情节、主题和作者创作意图三方面来填写。这个讨论题就是加强阅读的深度。每个学生可以根据自己的能力试着去完成。

教师引导：横线上所填词语，是从小说三要素中哪个方面来考虑的。如填入“坎坷”一词，说明学生是从“情节”来考虑；如填入“收获”一词，说明学生是从“人物”来考虑。

4. 总结读整本小说的方法

同学们，对于《西游记》中的故事和人物，我们每个人有自己不同的理解。那么，我们回过头来想一想，开始读这本书的时候，是书中哪个方面最吸引你呢？

【预设】学生对于“故事”“人物”这两个小说要素，应该不难说出，而“环境”要素，需要教师引导，尤其是“社会环境”的方面。

【设计目的】让学生明确小说的三要素（人物、情节、环境），了解阅读整本小说的方法，形成独立阅读思考的能力，进行可持续发展。

5. 学习效果评价设计

评价方式：口头表述，星级评价。

设计特点

由于学生素质发展是多层次、多方面的，因此，课程的实施也需采取多种多样的学习活动，要全面发展学生的素质，就需将多种多样的学习活动综合起来，之所以选择用综合性学习活动的方式来进行名著的导读，就是因为“综合”二字。

“综合”分为两个方面，一是、学习方式的综合，是书本学习和实践活动的结合，也是接受学习和探究学习的结合。二是、能力的综合，既包括阅读、写作和口语交际等语文学科能力的培养，也包括诸如搜集整理材料、协作配合、辩证思考、自主自信等社会能力的培养。

课题二 最棒的鸟儿

一、指导思想与理论依据

（一）识字与写字

1. 喜欢学习汉字，有主动识字、写字的愿望。

2. 努力养成良好的写字习惯，写字姿势正确，书写规范、端正、整洁。

3. 学习独立识字。

（二）阅读

1. 喜欢阅读，感受阅读的乐趣。养成爱护图书的习惯。

2. 学习用普通话正确、流利、有感情地朗读课文。学习默读。

3. 结合上下文和生活实际了解课文中词句的意思，在阅读中积累词语。借助读物中的图画阅读。

4. 阅读浅近的童话、语言、故事，向往美好的意境，关心自然和生命，对感兴趣的人物和事件有自己的感受和想法，并乐于与人交流。

（三）口语交际

1. 学说普通话，逐步养成说普通话的习惯。

2. 有表达的自信心，积极参与讨论，敢于发表自己的意见。

二、教学背景分析

教材简析：

本文与生活联系紧密，孩子们有相关的生活经验，适合学生进行阅读练习。文中的语句过于简单，再配以插图，这就给读者留下了更多补白的空间。学生可以结合生活实际适当展开联想和想象，创编文章中个性化情节。

学情分析：

二年级学生已经有了一定的阅读基础，能结合插图讲述绘本内容。本节课学生不能只满足于掌握情节，还要引导学生看清每幅图的意思，根据画面的内容联想画外的部分。其次根据文中人物的动作，想想当时人物的语言、心理等。

方法策略：

图文结合，整体感知体会。利用插图，让学生对内容进行形象的整体感知。学生自读课文，通过图文对照，对内容进行初步的理解。

品读课文，展开想象。生动形象的使学生感受到文中的生机与活力，从而愿意走进自然，亲近自然。联系生活，可以让学生仿写小诗，让课文学习从课内延伸到课外。学生把从生活中观察到的事情用儿歌的形式表达出来，可锻炼学生的语言表达能力。

三、教学目标

教学目标：

1. 了解故事的大意，并根据英文提供的基本语句编写一篇完整的故事。

2. 通过加入人物细节描写，丰富故事的情节，并展开适当的想象。

教学重点、难点：

重点：通过语动心神的人物描写方法，丰富故事情节。

难点：展开适当想象，体会角色的性格特点。

教学准备：课件、头饰、学习单

四、教学过程与教学资源设计

（一）导入课文（3 分钟）

1. 我们今天认识一种鸟儿。（出示图片）它是？（预设：猫头鹰）

2. 和老师一起写课题，读读课题。什么样的鸟儿？（突出最棒的）

（二）走进绘本内容（27 分钟）

1. 整体感知

这是一个英文绘本，英语课上我们已经先用英语学习了，那老师相信这节课你们的表现一定会更好，对不对？

2. 那请一位同学读英语，谁能当个小小翻译家。

3. 你看一个中文的小故事就诞生了。那咱们一起讲讲这个故事吧。

4.（拿手偶）

① 现在老师就是猫头鹰：大家好，你认识我吗？我是猫头鹰，我的本领呀可大了！我是森林里最棒的鸟儿。不信你看，我能在树上倒立。（边讲边演）我想找小伙伴比比本领。

② 我飞呀飞呀，飞到了池塘边，看到了只鸭子，我大声地对鸭子说："小鸭子，我会飞。"点同学回答：（但是我会潜水）。

这句话听着像半句话，谁能给它补充完整。后面是半个句子，我们把他补充完整，谁可以？【出示：虽然，但是】

师说：小鸭子，我会飞。找同学回答（1-2 人）

师说：这组的小鸭子，我能飞。（2 组）

师说：全班的小鸭子，我能飞。

你们看老师的表情，神态，怎么样？（预设：很自豪，很得意）

表演时我们可以加上神态。

那谁能加上动作来回答。师：小鸭子，我会飞。指名。

你看加上动作的表演，小鸭子就像活了一样呢。

猫头鹰为什么找鸭子比谁能飞呢？因为鸭子有翅膀但是飞的没有猫头鹰高。

谁来当猫头鹰和鸭子呢？

③ 猫头鹰飞走了，它来到树枝上，远远地看到一只鹦鹉。"鹦鹉鹦

鹉，你听（播放猫头鹰的声音）我会唱歌”。

点同学回答（虽然你会唱歌，但是我会说话）

鹦鹉是怎样说话的？（你好，再见，大家好）

加上语言，谁来试试？

④ 猫头鹰离开了鹦鹉，又遇到了谁？猫头鹰又是怎样和它们比本领的？同桌合作讲一讲。

师：猫头鹰，为什么你能看得那么远呢？（预设：因为我眼力好）哪位猫头鹰能解释解释？

那你看看鸵鸟，长长的腿，它一定是跑步比赛的冠军。

谁再来当猫头鹰和鸵鸟。

猫头鹰，为什么你能藏在树叶里？（预设：因为我和树叶的颜色是一样的、特别像）你看，别人就找不到你了。

谁再来说说。

5. 小结：我们来看看猫头鹰都有哪些本领？你还知道它的其他本领吗？

6. 老师带大家来到鸟儿乐园，你认识它们吗？它有什么本领？

【啄木鸟、信鸽、孔雀】

7. 这儿的乐园太小了，你还知道有什么鸟儿？它有什么本领？

8. 师：啄木鸟，我会捉老鼠。点学生回答。

师：信鸽，我会唱歌。点学生回答。

师：翠鸟（蜂鸟、燕子）我能藏在叶子里。

9. 师：我好难过啊！你们的本领我都不会，我要飞回家找妈妈。

同桌试着演一演这幅图片，如果能加上丰富的语言，形象的神态，具体的动作那就更棒了。指名表演。你看他们加上了语言 / 神态 / 动作，故事一下子丰富许多。

（三）表演环节（10 分钟）

1. 下面我们就以组为单位，加上语言、动作、神态排练一下吧。（3 分钟）

2. 哪个小组想演一演？谁来评价一下。（没有人说缺点就不要提了。注意排练时的声音）

（四）总结

其实每个人身上都有优点，我们要善于发现他人身上的闪光点。

这节课你们喜欢吗？告诉大家一个秘密，你们也是老师最棒的学生呢！

（五）机动

推荐书目。（系列丛书）

《最棒的鸟儿》选自大猫英语分级阅读，还有一本同样精彩的《魔蛋》。

这也是一个有趣的小故事。讲的是一个小男孩，他很饿，希望得到一个魔蛋。于是，他就开始想象，魔蛋能给他带来的愿望。可是最后母鸡也没给他下魔蛋。

下节课，我们也用这样表演的方式来学习《魔蛋》。

温馨提示

1. 语速放慢。规范自己的语言。
2. 前期多给孩子们知识点，不要局限孩子们的思维。
3. 随时贴本领。
4. 字写大一些。

课题三 《Best Bird》教学设计

一、教材分析

《Best Bird》是外语教学与研究出版社出版的大猫英语分级阅读二级3中的一本。故事讲述的是小猫头鹰认为自己是最棒的鸟，所以到处去显摆自己的本领，结果小猫头鹰发现每种动物都有自己的本领，最后小猫头鹰明白了每种动物都有自己擅长的本领。本课单词较少，句型重复多，学习起来比较简单。

二、学情分析

本课的教学对象为二年级学生，二年级的学生活泼好动，模仿能力强且对未知事物有很强的好奇心。英语学习兴趣浓厚，课上积极主动，乐于表演。

二年级孩子有了一些社会经历和生活经验，所以在故事教学中多给孩子一些预测、想像，并基于这样的经验来设定一些教学活动。

三、教学目标和重难点

（一）教学目标

1. 通过观察封面了解书名，作者和绘图者等信息。

2. 通过教师引导理解故事大意。

3. 能够在故事中理解、说出以下词汇：best, fly, dive, hoot, talk, see a long way, run fast, hide among, leaves slide.

4. 在教师的帮助下，基本正确地朗读或表演部分故事。

（二）教学重点

1. 理解故事情节，推测故事的发展。

2. 准确地朗读故事。

（三）教学难点

1. 词汇 best, fly, dive, hoot, talk, see a long way, run fast, hide among, leaves slide 意义的理解与识度。

2. 生动地表演故事。

四、教学过程

Step 1 Pre-Reading

1. 热身

Sing a song：Yes, I can.

2. 导入

T: Today we will meet a new friend. Can you guess who it is? It

has two big eyes. It has a big body, and it has two big wings. It likes to hunt food at night.(引出 owl)

T: Today we will learn a new story. This story is about this

Little owl.

【设计意图】故事中涉及到五个小动物，首先通过一首歌激发学生的旧知，复习一些小动物，然后再通过猜一猜活动引出故事主角 owl，为后面的学习作铺垫。

Step 2 While-Reading: 图片环游

1. 教师出示故事封面 owl 图片，引导学生观察封面与封底并试着预测故事。

T: Look at the cover page. What can you see from the cover page?

What does the owl think? (Ss: I' m the best bird…)

【设计意图】了解阅读故事的正确方式；观察书的封面、书名、作者和绘图者；了解故事发生的时间、地点、主要人物等信息 , 并对故事进行初步的预测，以激发和调动学生的阅读兴趣。

2. 教师带领学生逐幅图讲解：Page 2-Page 11

Page 2-3 T: Why is he the best bird? Maybe he can dance ···.

T: Wow, he is happy, he is so proud. Look! What else can he do? Hecan do this! It' s very hard. Can you?

T: What does the owl say? Let' s listen.

T: At this time, he wants to find friends and show. Let' s follow him.

Page 4-5 T: He comes to a duck. What does the owl say? What will the duck say?

Page 6-7 T: He comes to the ···(parrot). What does the owl want to show? How does the parrot feel?

T: If you were the parrot, what would you say?

T: Let' s listen.

T: How does the owl feel? What will he do next?

Page 8-9 T: Where is the owl?

T: He comes to the ostrich. Look at the owl! What does he want to show? (Ss: He can ···) Let' s listen.

T: Can the ostrich see a long way? What can the ostrich do?

T: Now, the owl is surprised. The ostrich can run fast. Oh, he is great! But he still wants to find the other animals to show his best.

Page 10-11 T: Whom does he meet this time?

T: Look at the owl, what does he want to show?

T: Look at the picture. Can you see the owl? Where is he? He is Hiding himself under the leaves. So what does he want to show?

Let's listen.

T: If you were the penguin, what would you do? (Ss: I can skate/ski…)

Let' s listen,

T: Look at the owl, what does he think now? what does he want to do?

T: What time is it? Where does he want to go?

T: Now open your book and read our story.

【设计意图】通过故事环游，师生一起阅读故事，并就故事中的场景进行听、说、推测等活动，帮助学生进一步理解故事，为后面的故事表演打下基础；在故事结尾处留下悬念让学生带着疑问自己阅读故事，进一步激发学生阅读的兴趣。

Page 12-13 学生自己读书，了解故事的发展和结尾。

师生一起讨论故事结尾。

T: What does the owl want to say to his mother?

If you were his mother, what would you say?

Why does his mother say that you' re my best bird?

Look at the owl, how does he feel now?

Step 3 Post-Reading

1. Ask students to read the story by themselves.

Now let's enjoy the story and read by yourself.

2. 听录音，读故事。

第一遍，听并指读故事。

第二遍，听并跟读故事，根据录音，跟读语句，注意录音语气。

第三遍，同桌互相朗读故事。

【设计意图】从听、指读到小组读，是学生逐步地学习故事的过程，学生借助图片以更好地理解故事内容，并能有感情地朗读故事。

3. 带着学生一起梳理板书，为后面的表演做铺垫。

T: Let’s try to read the story in roles. Who wants to be the duck/ parrot/ ostrich/ penguin? When it’s your turn, you will stand up and read out the words loudly.

4. 开放性问题：

T: Do you like the story?

Who do you like best?

Are there any unreasonable things in our story?

5. Act the story.

Step 4 Homework

Read the story again and tell the story to your parents.

板书设计

Best Bird

附 4 零点创新

课题一 《跷跷板》教案

《跷跷板》教学设计			
教学基本信息			
授课主题	跷跷板	授课教师	
学科	零点创新（中段）	学段 / 年级	三年级
核心技术	体验式课程		
相关领域	素质教育、核心素养		
教学目标(含重、难点)			
本节课目标： **知识与技能：**了解跷跷板的结构，学习杠杆、支点与平衡的关系。 **过程与方法：**通过小组合作动手搭建，获得与机械、物理知识有关感知能力。 **情感态度价值观：**感受杠杆的原理在生活中的应用；锻炼团队合作能力和语言表达能力；锻炼注意力、毅力、耐心和坚韧性等。 **教学重、难点：** **教学重点：**激发孩子们探索周围生活中有关的机械装置的兴趣，通过自己动手搭建，获得与机械、物理知识有关感知能力。 **教学难点：**对跷跷板的结构有所了解，理解跷跷板的原理，支点与平衡的关系。			

教学流程
故事导入→观察发现→探究搭建→展示评价→总结拓展
教学准备
木质跷跷板玩具、乐高套件、多媒体电脑、教学 PPT
教学过程

导入

故事引导：放学回家的路上，小明和小华在操场上停了下来，他们跳到了跷跷板上。小明和小华却发现今天的跷跷板有点不对劲，它不能上下摆动。小华往下压，小明往上去，可无论小华怎么用力往下压，都不能让小明下来，她上去。小明和小华想知道今天的跷跷板为什么和以往的不一样。

你能帮助小明和小华搭建一个能够平衡的跷跷板吗？

环节一 观察并发现跷跷板结构及特点

活动一 观察发现

活动要求：

1. 小组观察跷跷板由哪些部分组成。

2. 仔细观察跷跷板的结构有哪些特点，小组内讨论讨论。

提示：可以借助尺子等工具。

设计意图：和孩子们一起观察幼儿园的跷跷板，以讨论的方式让孩子们学习跷跷板的结构，并用尺子测量一下架子两边的板的长度是否相等。

活动二

活动要求：从积木盒子中拿一根梁，放在自己的手指上试一试，看梁的什么地方放在手指上，能保持平衡。

设计意图：通过活动，让孩子们明白重心与平衡的关系。

环节二　根据结构及特点搭建跷跷板

活动　搭建跷跷板

活动要求：

1. 为保持稳固，尽可能选用梁来做支架
2. 保证跷跷板是保持平衡的，能够顺利的上下摆动
3. 如果跷跷板不能保持平衡，检查一下支点的位置是否正确

设计意图：根据学生的实际不统一规范搭建方法，采用灵活多样的教学方法，使课堂充满生机和活力。对于乐高教具，有一小部分学生在生活中已经有所了解并经常进行搭建活动，但还有部分学生接触的比较小，造成了教学班内学生差异比较大。因此，在教学中应紧扣教具的基本特点，突出实验教学，让学生充分动手，动口，动脑，激发他们的学习兴趣培养他们观察、分析、归纳的能力，增强实践能力，体现出创新。

预设：对于超前的学生小组，鼓励他们对跷跷板的结构进行创意性的优化，改进，联系生活创作更多的杠杆原理的模型。对于滞后的学生单独辅导并配有辅助课件，让小组内的所有学生对本节课的跷跷板结构和搭建过程有个比较清晰地认识。

环节三　展示搭建成果

活动要求：展示作品并讲解自己搭建的跷跷板的结构及搭建的思路与想法。

环节四　拓展（根据时间关系进行适当的调整）

活动要求：

再次观察，为什么无论小明怎么用力往下压，都不能让小明下来？

设计意图：通过探究，深层次理解跷跷板的工作原理，保持平衡与距离和重量有关。

生活中还有什么和跷跷板的原理一样呢?

课题二 《绝境逃生》教案

《绝境逃生》教学设计			
教学基本信息			
授课主题	光线传感器应用	授课教师	
学科	创想无极限	学段 / 年级	五年级
核心技术	体验式课程		
相关领域	素质教育、核心素养、创客		
教学目标（含重、难点）			
本节课目标： 掌握光线传感器的作用及其在生活中的应用 通过学习软件编程，锻炼学生的逻辑思维能力 通过动手制作，培养学生的动手能力和团队协作能力 **知识与技能：** 通过学习软件编程，锻炼学生的逻辑思维能力 **过程与方法：** 项目制学习法、任务驱动法 **情感态度价值观：** 培养学生的动手能力和团队协作能力 **教学重、难点：** 教学重点是光线传感器的作用及使用方法，并通过编程实现简单功能。 教学难点是比较语句以及条件语句的使用。			

教学流程

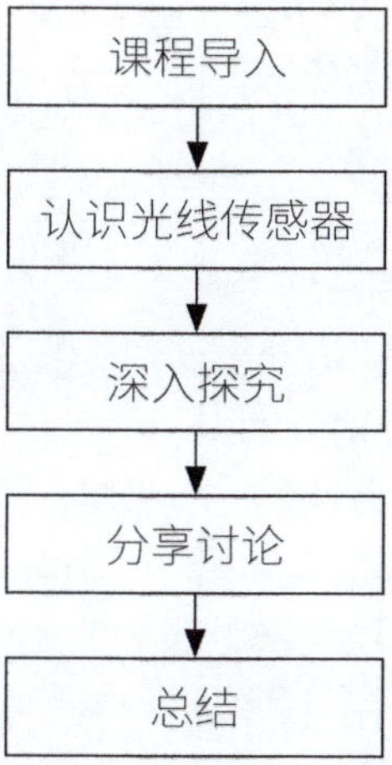

教学准备

搭建好的带有光线传感器的小车、PPT、导入视频、头脑风暴展示用的小黑板，磁条。

教学过程

教学环节	教师活动	学员活动	技术应用及设计意图
1. 课程导入（2 分钟）	通过动漫的方式呈现场景介绍……		吸引孩子投入到情境中来，引发思考
2. 认识光线传感器（10 分钟）	孩子们，你们想不想帮他们逃离？ 那怎么才能让小车启动呢？你们有什么想法？（PPT） ……	① 思考方法 ② 体会应用	初步认识光线传感器以及在生活中的应用

3. 深入探究（20 分钟）	说了这么多，现在就请各小组分别检测在黑色纸、白色纸，和无纸覆盖下的亮度。把实验结果填到你的汇报单上。那么通过对比你们有什么发现？	①检测 ②汇报 ③填写实验记录单	体会感受光线传感器的原理
4. 讨论分析（30 分钟）	现在我们已经知道了现在小车的光线值，怎么帮他们逃离呢？……	① 讨论 ② 汇报	锻炼孩子的逻辑思维能力和团队合作能力
5. 分享讨论（10 分钟）	请每个小组展示自己小组的成果，并对程序进行简单分析……	① 讨论 ② 活动 ③ 汇报	整理小组在活动中的得与失
6. 总结（18 分钟）	孩子们今天通过你们的探索，咱们体会到了光线传感器的用途，老师希望你们继续带着这种研究和发现的精神，去探究我们生活中更多有趣的知识。		

附 5 能源与未来

课题 “科技筑梦 展翅翱翔”科技节方案

一、活动目的

为响应中小学科技节活动，提高活动丰富性与趣味性，神州万有科技根据中小学情况将航模、科技等活动融入到科技节中，策划方案如下：

中小学科技节可分为两部分，开幕式与学生体验活动，开幕式分为领导讲话、科技表演秀、本次科技节体验项目介绍，三个模块。在本次科技节的体验中，学生可通过现场观看、参与互动、动手制作、体验飞行等环节，还有车模、海洋专家进行讲座，加深对科技的认识，培养对科技探索的兴趣。

二、活动流程及内容

第一项：主持人开场

第二项：学校领导致辞

第三项：教委领导讲话

第四项：科技表演秀

1. 伞降火箭发射

学生表演项目，建议由 12 位学生组成团队操作，仪式上有我单位的工作人员辅助操作，前期需要 2 课时的短期培训，学习火箭的制作及发射彩排，需采购模型器材。

学生亲自参与制作放飞活动，体验性强，航天火模型的快速升空并开伞回收，学生以类似鸣礼炮的方式拉开科技节的序幕。

2. 无人机阵列表演（8 架）

使用小四轴无人机飞行器，开幕式编队阵列飞行表演，为本次科技节拉开序幕。

3. 化学表演秀

疯狂怪博士即将开启一段奇妙的化学实验旅程，究竟会产生怎样的火花呢？两位戏剧表演老师将精彩奉上。

第五项：学校节目（待定）

第六项：介绍本次科技节体验项目

第七项：领导嘉宾表演者合影留念

第八项：学生开始进行体验科技项目

第九项：车模讲座（每场讲座 1 小时，共两场，地点根据学校情况定，建议是较大的会议厅，分散科技嘉年华人流。）

4. 科技体验项目（25 个）

每个体验项目区域都会配备一名科技老师指导。摊位前有明显的展板标识，以及该项目的内容介绍。

5. 活动奖品（集齐 20 个印章即可获得）

全年级竹蜻蜓（每人一个）

校园科技节体验方式：

学生会收到科技节体验手册，上面标注各个项目的简介，学生需到指定地点体验活动，最后以印章、评分等方式做标记。集齐印章者，可获得一份科技节纪念品礼物。

北京石油学院附属实验小学科技节体验项目

序号	名称	说明	图片	是否用电	是否用水	最多容纳数
1	水净化科普实验	了解水净化的方法及过程。	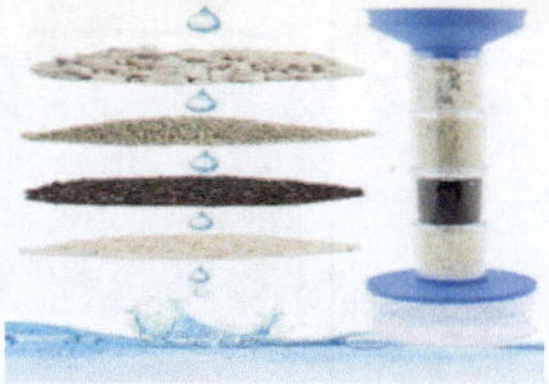	否	是	3台
2	神奇的泡泡	准备物件等：需要桌子2套，印章标记。	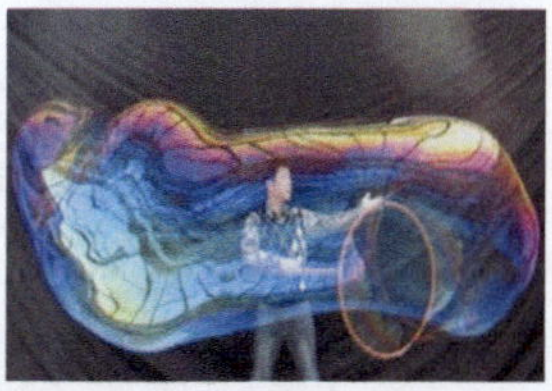	否	是	6个
3	DIY遥控车	遥控迷你车DIY体验，摔跤竞技、足球赛等比赛环节。		否	否	3个
4	3D打印机创新体验	3D打印机及成品展示及3D手绘笔体验活动，通过观看3D打印及手绘活动了解3D打印原理及应用范畴，创作属于自己的DIY礼品。		是	否	3D打印机1台，3D打印笔3个

（续表）

序号	名称	说明	图片	是否用电	是否用水	最多容纳数
5	VR 体验 I	运用科技前沿的激光定位 VR 技术，体验		否	否	3 个
6	飞行器展区——模拟器飞行	模拟飞行训练，体验航模的操作飞行。体验飞行（需确定模拟器数量及体验地点，需要使用电脑，记录分数）		是	否	3 台电脑
7	WER 机器人	了解模块化机器人，学习图形化编程。		否	否	4 套
8	人形机器人	该机器人具备 16 自由度，兼具 PC 端 3D 可视化动作编程功能和移动端回读功能，可通过蓝牙将手机与机器人连接，然后使用 APP 控制其完成多种高难度动作。		是	否	3 台

（续表）

序号	名称	说明	图片	是否用电	是否用水	最多容纳数
9	高仿真比例遥控汽车模型	高仿真比例遥控汽车模型，具有与真实车辆一样的结构和很高的行驶性能。		否	否	2台车
10	失重隧道	神奇的失重隧道，学习与探究其失重原理。		否	否	3个
11	生活中的PH酸碱度测试	学习使用PH试纸，了解生活中常见的液体的酸碱度；	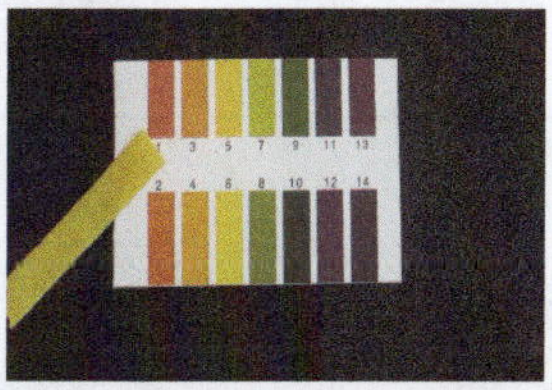	否	否	6个同时（配备一个垃圾桶）
12	神奇的磁流体	了解磁流体的特性；		否	否	5
13	水循环处理	了解日常生活中的水循环处理。		否	是	2

（续表）

序号	名称	说明	图片	是否用电	是否用水	最多容纳数
14	隐形墨水	碱遇酚酞变红，碘水遇淀粉变蓝，运用化学知识书写自己的私人笔记。需要桌椅2套、垃圾桶、A4纸；印章标记。		否	否	4
15	火山爆发	通过化学实验模拟火山爆发，了解化学原理。		否	否	4
16	大象牙膏	了解大象牙膏的制作原理		否	是	4
17	振动机器人	学习振动产生的方式方法，机器人行走调试。	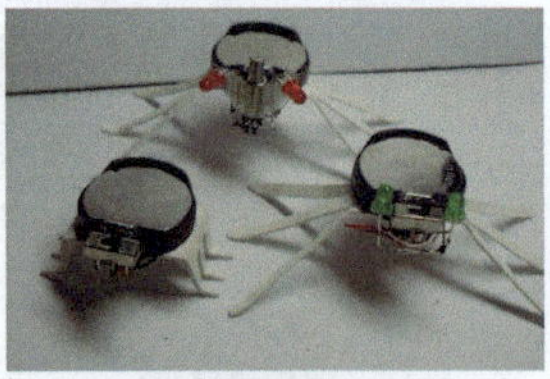	否	否	6
18	便捷的电梯	了解机器组件的搭建，传感器，电磁铁以及控制器的使用	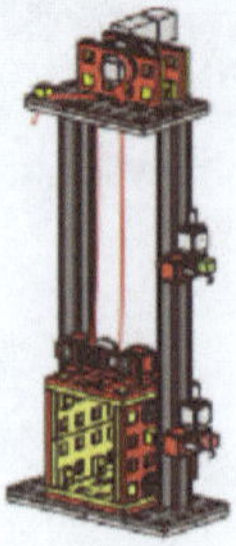	否	否	2（一个展示，一个组装）

（续表）

序号	名称	说明	图片	是否用电	是否用水	最多容纳数
19	巡线机器人	了解机器人如何利用传感器来寻线		否	否	2
20	竞赛车模体验	体验车模竞赛，拼装各种车模型，赛车比赛	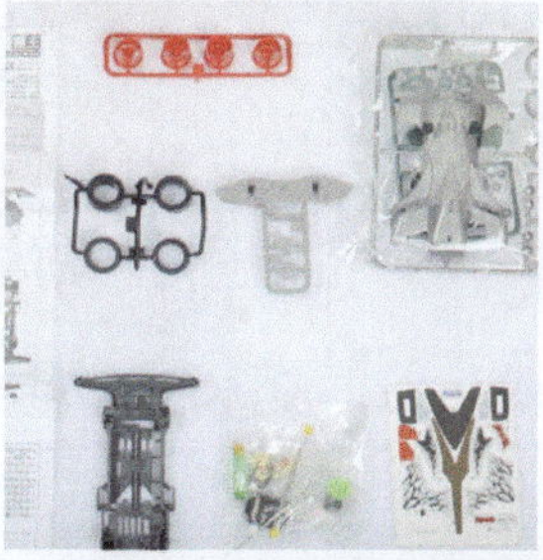	否	否	10 辆，一个轨道
21	极地救援机器人	遥控机器完成各种挑战任务	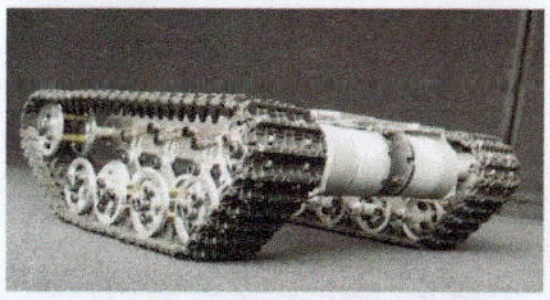	否	否	1
22	Scratch 编程初体验	通过动手做游戏，了解 scratch 图形化编程		是	否	2
23	碘钟实验	了解碘钟实验的原理与过程		否	是	2

（续表）

序号	名称	说明	图片	是否用电	是否用水	最多容纳数
24	纸电路体验	通过搭建电路，把小灯泡点亮	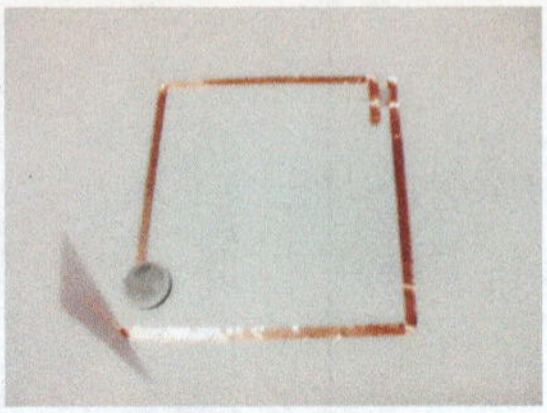	否	否	3
25	创客机器人	创客即 Maker，把想法变成现实，让孩子体会创客魅力		否	否	2

附 6 活力双语剧场

课题 Better English, Better Life

——戏剧节主题实践周暨第六届英语节活动方案

宋庆龄曾说过："儿童是国家未来的主人，通过戏剧去培养下一代，提高他们的素质，给予他们娱乐，点燃他们的想象力，是最有意义的事情。"石油实验小学正在努力打造勇于探索、充满活力的优质小学，实现"向上的学园，成长的乐园"的共同愿景，与国际接轨，与时代同步前行！为丰富学生校园文化生活，搭建学生展示英语才华的平台，提升学生的英语素养，12 月 25 日开始，我校第六届校园英语文化节拉开帷幕。本届英语文化节以英语戏剧形式为主，主题为"Better English, Better Life"，活动为期一周，分为四年级主会场演出和其他年级的班级分会场展示两部分。

一、活动背景

七年兼程，我校凝心聚力，开拓进取，始终坚持英语特色办学的指导方针。在校各级领导的重视和关怀下，大力发展英语特色教育。为丰富学生校园文化生活，搭建学生展示英语才华的平台，提升学生的英语素养，我校每年都会开展英语文化节系列活动。

为了让我校英语教育与国际接轨、与时代同步，学校大力推进英语戏剧教育，搭建各种平台，提高英语老师们专业素养的同时，让老师们学习英语戏剧教育的相关理论、参加了英语戏剧教育相关培训，提高老师们的综合素养，开拓了教育教学的新视野。同时，学校请来英语戏剧教育专业团队，开办英语戏剧社团，为孩子们深入学习英语戏剧提供了宝贵的机会。

“义务教育阶段的英语课程具有工具性和人文性双重性质”（教育部，2012），通过戏剧表演的活动形式，引导学生积极参与到真实的英语学习中。教育戏剧是用戏剧方法与戏剧元素应用在教学或社会文化活动中，让学习对象在戏剧实践中达到学习目标和目的；教育戏剧的重点在于学生参与，从感受中领略知识的意蕴，从相互交流中发现可能性、创造新意义。英文戏剧教育以一种全新的视角打开了儿童综合素质培养的新大门。它不仅仅是英文和戏剧的简单组合，而是在戏剧中激发天性，引导孩子遇见更好的自己。“语言来自生活，生活传递真情。”英语学习的语言产出活动还是要归回于学生最基本的生活现实，以此增加语言学习的真实性、运用性、可操作性。在此，采用英语戏剧表演的语言活动任务，还原孩子的本真生活，激发孩子通过自己的想象和积极的思维参与，让英语学习的产出活动的实施更真实、更有趣、更高效。这样既提高了孩子们的综合语言运用能力，又引导他们感知了中西方文化的差异，提升了综合人文素养，使学生丰富生活经历，不断发展其自身的创新能力，形成跨文化意识，增强爱国主义精神 。让更多的孩子在平凡的英语学习生活中体验不平凡的“戏剧人生”。

二、活动实施

1. 英语戏剧社团

为了让我校英语教育与国际接轨、与时代同步，学校大力推进英语戏剧教育，搭建各种平台，提高英语老师们专业素养，请来英语戏剧教育专业团队，开办英语戏剧社团。我校英语戏剧社团刚刚成立一年，在这一年中，同学们在英语老师的带领下，除了每周三的社团活动时间，还利用在校的业余时间刻苦练习，课间操、午休、放学后、节假日都不放松。老师和同学们不辞辛苦，背剧本，练站位，学表达，短短一年的学习，孩子们的英文听力和口语得到了提升，表现力增强，语言表达更具有感染力，更重要的是同学们在这一过程中还收获了自信。本次英语戏剧节，英语戏剧社团带来了经典剧目《Piped Piper（花衣魔笛手）》，20 名同学通过生动的演绎，为大家讲述了一个诚信的故事，使观众深刻领略到了英文戏剧的魅力；《Are Your New Here（你是新来的吗？）》，炫彩的舞台，纯正的英语，感染着在场的每一位观众。

2. 四年级主会场

四（1）班同学将英文绘本改编，带来了《The Story of Running Water（流水的故事）》，讲述了小动物相互帮助和分享的故事，演员的每一句台词，每一个表情，每一个动作都展示了他们的活力和想象力；四（4）班同学致敬经典，表演了《The King' s New Clothes（皇帝的新装）》，喝彩声和欢笑声此起彼伏；四（5）班同学表演的《Kate' s Birthday（凯特的生日）》，将现场观众带到了欢乐的生日派对；四（6）班表演了耳熟能详的剧目《Snow White（白雪公主）》，同学们通过剧目传达轻松、童真、有趣和正义终将战胜邪恶等正能量；四（7）班《The Miraculous Journey of Edward Tulane（爱德华的奇妙旅行）》，开启一只瓷兔子的温暖寻爱旅程，引发同学们思考爱的真谛；四（2）《Let' s Protect Our Planet（让我们保护地球）》，以戏剧形式呼吁环保，告诫同学们保护地球；四（3）《The Story of Marshmallow（棉花软糖的故事）》讲述了有关自信的故事，告诉同学们天赋并不是成功的关键，只有不断练习才能实现梦想。

3. 一年级活动

一年级同学们第一次参加英语节，都积极报名参加，几乎每一位同学都精心准备了节目上台表演。有的同学还带了道具，用心地为大家展示英语短剧《Crow Drink Water（乌鸦喝水）》等；有的同学带来自己的“魔法棒”给大家带来一段充满魔法的歌曲等等。通过这次的活动激发了孩子们对英语学习的兴趣，也让老师们发现了每个孩子身上不同的闪光点。

4. 二年级活动

二年级同学以表演故事、歌曲表演及讲故事为主，同学们在活动中锻炼了能力，施展了才华，提高了自己的英语水平，都能够“亮出自我，绽放精彩”。

5. 三年级活动

三年级既有让人忍俊不禁地诙谐表演，也有对真善美的呼唤。同学们们精心准备了道具，他们有的表演了课本故事，有的表演了经典剧目《Little Red Riding Hood（小红帽）》《Cinderella（灰姑娘）》等，有的同学表演了自编游戏短剧《Minecraft（我的世界）》等。真正做到了班班有戏剧，人人都参演，同学们既是演员，倾情表演，又是观众，专注观看。

6. 五年级活动

五年级同学们精心准备了合唱、翻版戏剧及自创戏剧等多种形式的表演，一曲“Merry Christmas”合唱拉开了此次戏剧节的帷幕。同学们带来了“Harry Potter”“Sponge Bob with Santa”“Merry Christmas”“Super Hero”“等精彩的表演，演员们倾情投入，忘我的演出博来了台下同学阵阵掌声。有的同学还借戏剧节之际为大家带来了美味的糖果，表演时间有限，但是大家仍然意犹未尽。

7. 六年级活动

六年级同学们精心准备的剧目，自信流利的英语口语、专业熟练的舞台站位、声情并茂的肢体表现，精彩的表演获得阵阵掌声。

此次英语节是让学生们成为舞台的主角，实现他们心中奇妙的戏剧梦想，感受到奇妙的生命百态。此次英语文化节成功营造了浓厚的英语学习氛围，激发了全校学生学英语、用英语的兴趣，让每个学生在自己身上发掘了学习英语的潜力，增强了学生学英语的自信，相信在未来，学生们都能在英语的知识海洋里，在英语戏剧的熏陶下，成长更有“戏”！ 期待明年第七届英语文化节！

附7 活力中华课程

课题一 插花教案

基本信息

授课主题：花艺；年级：五年级；学科：活力中华

教学背景

插花艺术在中国具有悠久的历史，是中国园林艺术中的一枝奇葩。插花，就是在盈尺瓶盆之中，以切取植物可供观赏的部位为材料，进行巧妙的排列组合，将花卉的自然美和人为的装饰美相结合的造型艺术，能给人以高雅的艺术享受。本课程意为继承传统文化，并将插花技术运用于生活美化居室，锻炼学生运用所学的美术知识来自己动手美化生活的能力。

教学设计

知识与技能：了解插花创作的步骤和方法，重点掌握插花的基本构图形式和比例的把握。

过程与方法：学生通过自己先尝试插花活动，体会通过动手实践探索并总结方法的过程。

情感态度价值观：学生通过自我创作作品，体会完成插花作品带来的成就感，进一步提高学生学习中国插花艺术的兴趣。

教学重点：了解插花创作的步骤和方法，重点掌握插花的基本构图形式和比例的把握。

教学难点：学生通过自己先尝试插花活动，体会通过动手实践探索并总结方法的过程。

教学准备：插花材料与用具、PPT 等。

教学过程。

一、视频导入（5 分钟）

播放插花的视频

我们创作的要求是：

1. 使用枝剪时注意安全；

2. 请大家文明礼让，不要争抢；

3. 容器轻拿轻放，避免摔碎。

【设计意图】通过视频引起学生兴趣，并且让学生体会如何进行创作。

二、探索创作步骤与方法（30 分）

（一）插花实践活动（15 分钟）

活动一：提供图样，学生进行探究实践，教师巡视指导。（根据前两次课的学习和自身的经验，探索插花的步骤和方法。）

【设计意图】让学生结合之前的学习与自身的经验探究插花的步骤与方法。

（二）学生交流、讨论（5 分钟）

活动二：以小组为单位，交流、讨论并总结创作步骤与方法。学生讨论，教师巡视指导。

【设计意图】学生之间互动交流。

（三）师生共同总结（10 分钟）

活动三：学生进行汇报。

总结：

1. 确定构图形式：根据作品摆放位置、个人喜好、提供材料等确定作品的构图形式。

非几何构图形式包括：直立式、倾斜式、水平式和下垂式这四大类。

（图片展示）

2. 绘制设计图（提问：为什么需要画设计图？）

3. 准备材料：容器、花材、工具。

4. 插花：

（1）整体框架：按顺序依次插入第一、第二、第三主枝；第一主枝长度：为容器总高度或宽幅的 1.5~2 倍；（根据黄金分割比例的研究）；第二主枝长度：第一主枝的 2/3；第三主枝长度：第二主枝的 2/3 或 3/4；

（2）主体花：整个作品的中心位置；花朝向正方位置。

（3）辅助花材：衬托主体花，一般为叶子或小花。

【设计意图】通过实践、讨论、分享后总结出插花的创作步骤与方法。

三、作品赏析

请学生上台为大家介绍下一个作品？包括属于种构图形式，第一、第二、第三主枝分别是哪根？主体花和辅助花材都有哪些？

学生上台描述。（3 个类型分别请 3 个学生）

【设计意图】检测学生知识掌握程度，并再次巩固知识。

四、总结

问题：今天，你学到了什么？

十二生肖——鼠

教学目标

知识与技能：了解老鼠的外形特点等；掌握制作老鼠的基本步骤、方法和技巧等。

过程与方法：通过观察，表演、示范等形式，学习水滴形的制作方法，帮助学生体会老鼠的身体特征，塑造出可爱的老鼠。

情感与态度：了解属相鼠的排位，引导孩子关注并热爱祖国的生肖文化。

教学重点：学习水滴形的制作方法。

教学难点：创造出形态各异的老鼠。

教学过程：

一、谜语导入

师：展示谜面：说它多，可真多，全国每人有一个；说他少，它真少，全国只有十二个。（十二生肖）

师：你知道十二生肖的排列顺序吗？（鼠、牛、虎、兔、龙、蛇、马、羊、猴、鸡、狗、猪）

二、讲授新课

（一）故事引出课题

师：今天，我们就来认识十二生肖中排位第一的——小老鼠。（出示课题）

老师来讲个故事，小朋友一起来听听小老鼠在干什么？

一天夜里，小老鼠肚子饿得“咕咕”叫，它从鼠洞钻出来，东找找，西找找，哪有好吃的食物呀？咦，那边有个灯台，小老鼠悄悄地爬上灯台，“吧唧吧唧”吃起来……突然，一只大猫来了，吓得小老鼠“叽里咕噜”从灯台上滚下来。

（二）学生表演

启发孩子用肢体动作演一演：用肢体语言表示爬、走、东张西望等的动作，观察动作特点。部分孩子戴上头饰演一演《小老鼠，上灯台》的故事。（鼓励孩子大胆表演）

（三）引导孩子观察“鼠”，注意形体特点和形态特征

1. 走向生活

师：小老鼠可爱的形象一直被人们和许多漫画大师所喜爱，它聪明机灵，给人们留下很多欢乐的片段和笑声。你能说说在我们周围有哪些可爱的小老鼠形象吗？学生踊跃发言。

2. 出示面塑老鼠，提问：面塑的老鼠和现实中的鼠一样吗？你认为面塑“鼠”在制作时应注意什么？

小结：概括、夸张、充满情趣

3. 展示面塑老鼠课件：引导学生分析

（1）小老鼠的头像是什么形状？

（2）教师讲解水滴形的制作方法。

（四）教师直观演示“鼠”的制作方法，学生自行总结。

教师总结：揉、搓、压、扎、粘。

1. 介绍制作鼠头、鼠身、鼠腿等的技巧。

2. 简单介绍灯台、元宝的制作方法（提示可以配上其他相应的环境）

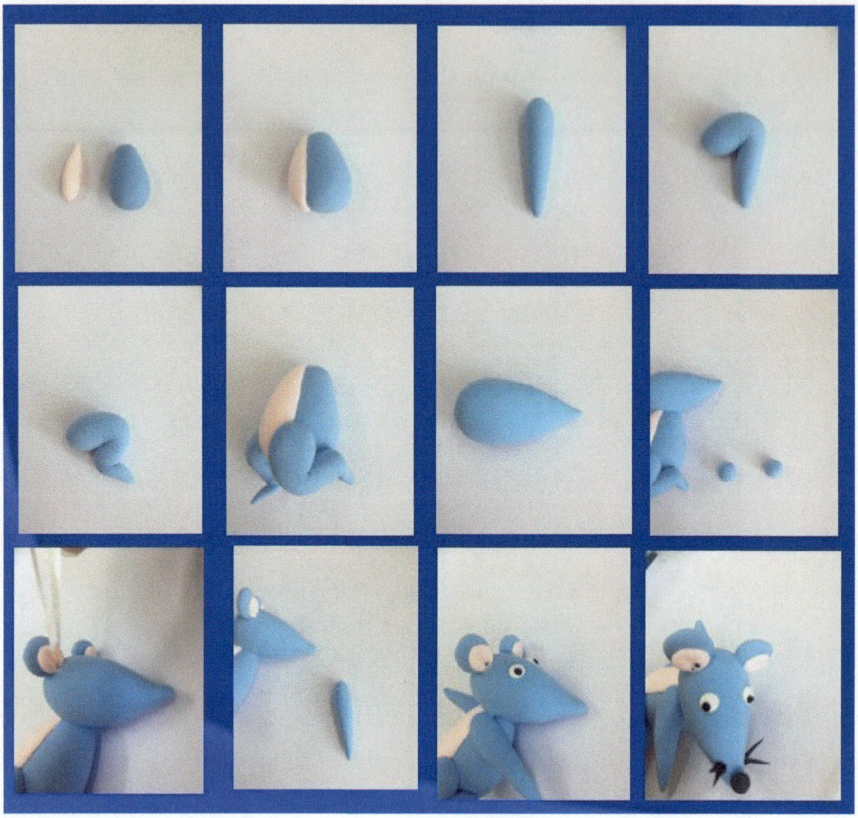

三、学生自主创作

辅导重点：

1. 个性发挥，可小组合作创作。

2. 创作中提醒：概括、夸张。

3. 及时辅导学生创作过程中出现的问题。

四、评价、鼓励

学生做好一个面塑鼠，当即表扬。指导学生相互欣赏其作品，尝试分析、评价自己或他人的作品，促进审美能力提高。

课堂小结：要求学生课余仔细观察和体会其他小动物的特征。

课题三 二十四节气教案

二十四节气

二十四节气是中国先秦时期开始订立、汉代完全确立的用来指导农事的补充历法，是通过观察太阳周年运动，认知一年中时令、气候、物候等方面变化规律所形成的知识体系。它把太阳周年运动轨迹划分为24等份，每一等份为一个节气，始于立春，终于大寒，周而复始，既是历代官府颁布的时间准绳，也是指导农业生产的指南针，日常生活中人们预知冷暖雪雨的指南针，是汉族劳动人民长期经验的积累成果和智慧的结晶。本课程旨在弘扬中华传统文化，系统地阐释各个节气的特点、内涵及风俗习惯，以及其与季节、气候现象、气候变化的关系，与农作物生长的关系，与健康养生的关系，新鲜的时令食材，相关的诗词歌赋，古人雅趣的生活方式等。

走进二十四节气之立秋与处暑

教学目标

1. 知识与技能：了解立秋与处暑的特点、风俗习惯，及其与季节、气候现象、气候变化的关系、与农作物生长的关系、与健康养生的关系，新鲜的时令食材，相关的诗词歌赋等。

2. 过程与方法：通过老师的讲解、小组讨论，以及观看相关视频了解相关知识。

3. 情感、态度与价值观：通过观看、学习了解相关知识，使学生真正的热爱生活、感受到中华传统文化的重要性，促使学生积极主动的继续学习并传承中华传统文化。

教学重点：了解立秋与处暑的气候特点。

教学难点：了解立秋与处暑的农作物生长情况，风俗习惯。

课前准备：搜集立秋与处暑相关的资料。

教学过程

1. 说一说立秋小知识

小结：立秋，时间点在8月7—9日之间，是二十四节气中的第13个节气。“秋”是指暑去凉来，意味着秋天的开始。到了立秋，梧桐树开始落叶，因此有“落叶知秋”的成语。“秋”还有禾谷成熟的意思，代表秋天是收获的季节。立秋是秋季的第一个节气，但此时暑气难消，离真正入秋还有一段时间。根据气象学的标准，当候（五天为一候）平均气温稳定在22℃以上时为夏季的开始，10℃以下时为冬季的开始，10~22℃之间为春季和秋季。判断一个地方是否入秋，只要看当地连续5天的平均气温是否稳定在10~22℃之间就可以了。

2. 介绍立秋物候变化及相关习俗

·秋老虎 ·葵花开 ·摸秋 ·食秋桃 ·贴秋膘 ·秋蝉 ·乞巧节

3. 说一说处暑小知识

小结：处暑，时间点在8月22-24之间，是二十四节气之中的第14个节气。处暑的“处”是躲藏、终止的意思，处暑的意义是“夏天暑热正式终止”，它是反映气温变化的节气，代表气温由炎热向凉爽过度。所以有俗语说：争秋夺暑，是指立秋和处暑之间的时间，虽然秋季在意义上已经来临，但夏天的暑气仍然未减。

4. 介绍处暑物候变化及相关习俗

·出游迎秋 ·鹰捕食 ·紫薇花开 ·作物成熟 ·中元节祭祖、放河灯 ·开渔节

课题四 书法教案

《竖钩的写法》教学设计

【教学目标】

★知识与技能目标★

基本学会竖钩的写法；初步学会运用竖钩写简单的字。

第一层：写出竖钩的大致形状，并写出“才”字的字形即可。100% ★

第二层：写出竖钩竖的粗度，以及出钩的位置，还要写出“才”字横、撇细，竖粗的特征。80% ★★

第三层：写出颜体钩的特点，运用所学写好带有竖钩的字。30% ★★★

（注：这里将不同层次的学生大致分为三层，第一层即所有学生所能达到的程度，第二层即大部分学生所能达到的程度，第三层即能力较强的学生所能达到的程度；百分比代表学生能够达成的程度；星级代表难易程度。）

★过程与方法目标★

教师引导，学生探究应用竖钩的写法以及相关的字；

★情感态度与价值观目标★

激发学生的学习热情，培养学生的审美和评价能力。

【教学重点】

学会竖钩的写法和应用。

【教学难点】

掌握“才”字的写法。

【教学过程】

前置性学习：

1. 竖的写法（口诀要领：右下轻按转锋行，边行边提案提收）

2. 学过哪些带有“竖钩”的字，请你找一找。

一、复习引入

教师提问：之前我们学习了竖的写法，你们还记得它的口诀么？如何才能写好这个笔画，应注意哪几点？

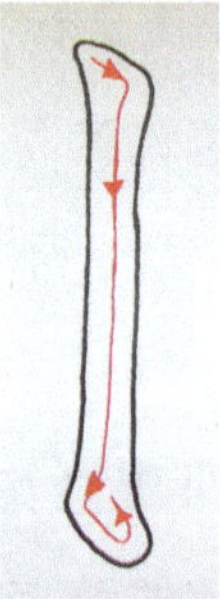

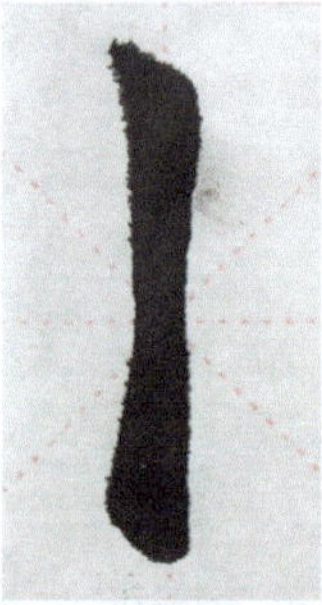

（学生回答：右下轻按转锋行，边行边提案提收；①起笔时要轻按，②转锋时要原地转锋，③行笔时要中锋行笔，要有粗细变化，④用笔锋收笔）

谈话导入：谁能够到台前来试写一下？（其他学生一起书空，并在台上同学写完之后，依据总结出的四点，指出该同学的优点，以及提出自己的建议）

导语：同学们我们复习完竖的写法之后，将竖加上一个小鱼钩变成了什么笔画？接下来我给大家变个小魔术，你们来猜猜看（根据观察和已有经验得出是竖钩）今天我们就来学习竖钩的写法。【“竖钩”黑板出示】，这个笔画它是由什么笔画和什么笔画组合而成的？

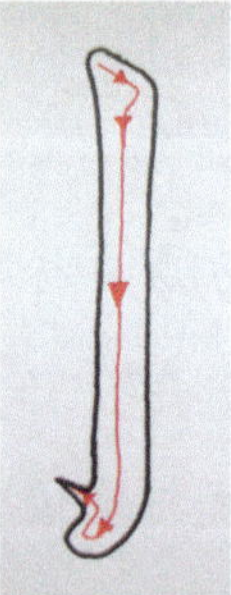

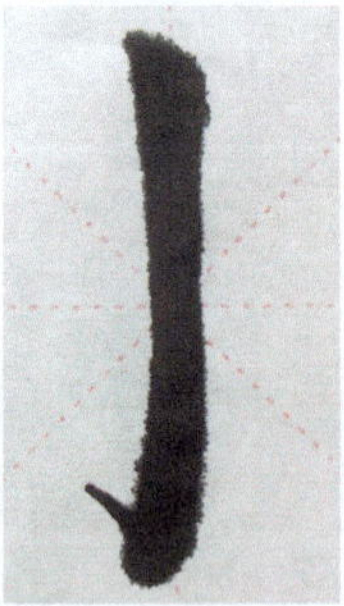

第一层：能够答出竖钩。★第二层：能够答出竖钩是由垂露竖和钩组合而成的。★★

二、新授

（一）学习写竖钩及“才”字

1. 学习写竖钩

（1）接下来通过观察老师的范写，咱们一起来学习竖钩的写法。

好，接下来拿起你们的毛笔（注意姿势，身正，笔直，胳膊抬平，左手扶纸），在第一竖行试写一竖行这个竖钩，开始动笔（巡视过程中提示：想一想，它是由哪两个笔画组合而成的；再想一想竖钩的特点）；

（2）找一位学生拿着自己写的竖钩到台前来讲一讲竖钩的特点。（得出结论：

① 竖钩的竖为垂露竖，是直的；② 出钩所夹的角为锐角；③ 收笔为圆收，有颜体钩圆润的下巴颏的特点），分析其他问题，与学生共同解决。

（3）好，现在拿起我们的毛笔，在第二竖行上，再次试写一行竖钩，开始动笔。

第一层：写出竖钩的大致形状。★第二层：写出竖钩是直的，以及出钩的夹角。★★第三层：写出颜体钩的特点，以及竖的粗细变化。★★★

2. 学写"才"字：

（1）刚才我们学习了竖钩这个笔画，那么谁能说一说在我们生活中，哪些字是带有竖钩的呢？这时课堂气氛又活跃起来了，同学们纷纷争相举手发言。下面我们来学习带有竖钩的字，请大家仔细观察，通过观察我的范字，以小组为单位讨论一下，想一想这两个问题：① 什么字？字形像什么？② 从整体看你还发现了哪些特点？教师示范"才"字，学生观察，思考问题；学生回答问题自主书空。（第一层："才"字，字形像长方形；★ 第二层：字形瘦长的字，竖向笔画要写长，横向笔画要写短★★）

（2）好，拿起毛笔，现在请在第三行上试写一行"才"字，开始动笔（巡视过程中：身正，笔直，胳膊抬平，左手扶纸）再分析写“才”字时，需要注意的问题（同学们，那你们来猜猜看“才”字它像我们生活中的什么？同学们，这个“才”字像不像我们宋代的爱国将领岳飞大将军腰间挎着一把宝剑屹立在两军之间？！第三层：撇要为直撇，且在竖钩的中间。★★★）。

(3) 再次试写“才”字

第一层：能够按照口诀来写每个笔画，并写出“才”字的字形特点。★第二层：不仅要写出“才”字的字形特点，还要写出横、撇是细的，竖是粗的特点。★★第三层：运用不同的起、行、收变化来写“才”字，并写出颜体钩的特点。★★★

三、自主练习

刚才我们练习了竖钩以及带有竖钩的“才”字，还有很多带有竖钩的字。（出示：“月”）

请同学们从中挑选一个，在第四行上试写一行，看谁的字写得最漂亮。自主分析，看看能不能用上之前总结的规律。

第一层：巩固“才”字的写法。★第二层：尝试其他带有竖钩的字，并自主分析字形和点位结构。★★

四、展示评价

今天你们来做个小小评论家，根据以下几点互相评一评我们同学的作品。

竖钩：① 垂露竖，直；② 夹角为锐角；③ 收笔大小相等。

“才”字：① 竖向笔画长，横向笔画短；② 直撇在中间；③ 空位匀。

学生之间相互评价、相互交流心得，分享今天所学到的知识。

课题五 陶艺教案

陶艺，是中国传统古老文化与现代艺术结合的艺术形式。它与绘画、雕塑、设计、以及其他工艺美术等有着无法割舍的传承与比照关系。在课上介绍陶艺的起源和发展，分类和工艺；介绍陶瓷材料。欣赏不同时期、不同风格、不同地区的陶艺作品，了解陶艺发展过程中瑰丽多彩的制作风格，领略陶艺作品中的深厚的文化积淀，并进行讨论，领略陶艺的多元化，从中得到灵感和启发。主要制作方法有拉坯成型、泥板成型、泥塑成型、泥条盘筑、捏塑、素坯彩绘等等。

陶艺提倡让孩子在学中玩儿，玩儿中学，最后再慢慢渗透情感，让孩子在愉快的学习氛围中体会到陶艺的魅力与重要性。通过学习，使学生们能够感受中华传统文化之美，从而继承和发扬传统美德树立民族自尊心、自信心、自豪感。

把陶艺列入了校本课程，这样从小就可以受到艺术的熏陶，从中锻炼了动手能力，非常好的体现了素质教育的成果。

课前准备：相关视频、图片、文字资料

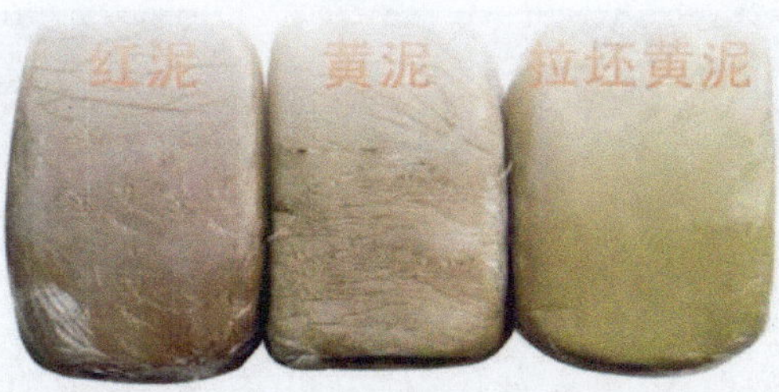

陶艺材料：红泥、黄泥、紫砂泥……

陶艺工具：拉坯机、转台、陶艺（切割、雕刻……）、擀泥杖、凉晒板

教学过程：

一、介绍陶艺概念

二、介绍陶艺材料和工具

三、主要制作方法

拉坯成型：

拉坯成型

泥板成型：

泥板成型

泥塑成型：

泥塑成型

泥条盘筑：

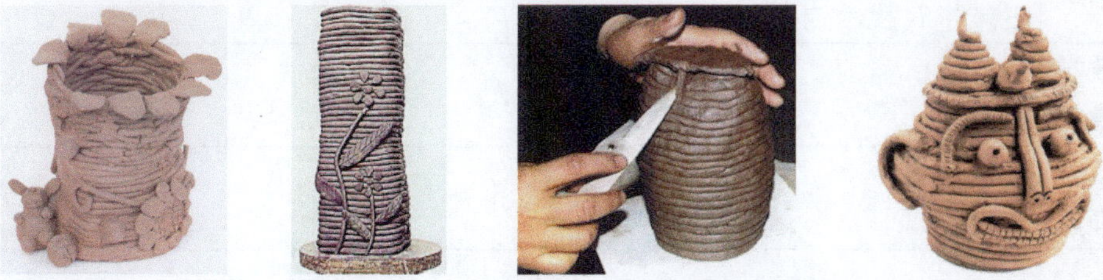

泥条盘筑

四、总结

陶欣赏视频：修坯手法下产生的陶艺艺术品

课题六 武术教案

一、指导思想和理论依据

武术是我国传统文化的重要组成部分，其独特的魅力，深受广大孩子们的喜爱，在小学生中开展武术教学具有广泛的群众基础和实用价值，一方面从小培养孩子的精武尚武精神，促进武术文化的传播；另一方面是让孩子强身健体，锻炼精气神，感受民族传统体育运动项目的乐趣。

本节课突出体现以学生为主体，强调初级一路的连贯和精、气、神的统一，发展学生力量、灵敏、协调等身体素质。通过复习自编三字经，增强课程循序渐进和递进提高；教学中采用小组合作、探究学习、个性展示等手段使学生之间能够互帮互助，同时还采用讲解示范、语言激励、比赛、学生互评等教学手段，使学生在欢快轻松的环境中进行练习。

<table>
<tr><td>教学内容</td><td colspan="4">1. 初级一路长拳 1—4 式　2. 游戏《抢球大战》</td></tr>
<tr><td>教学目标</td><td colspan="4">1. 初步学习初级一路长拳 1—4 动，使 85% 的学生都能完成动作说出动作名称，做到路线正确，力达拳面。
2. 通过练习与游戏的学习，发展学生的力量、灵敏、柔韧等身体素质，提高协调性，及动作节奏，增强学生的身体素质。
3. 培养学生优良品质，塑造勇敢的品格，培养学生对传统文化和启发学生对武术的兴趣。</td></tr>
<tr><td>教学重点</td><td colspan="4">手形步形正确，动作路线准确。</td></tr>
<tr><td>教学难点</td><td colspan="4">动作连贯，形神合一。</td></tr>
<tr><td rowspan="2">课的构成</td><td rowspan="2">教 学 内 容</td><td colspan="2">练习负荷</td><td rowspan="2">教学组织与要求</td></tr>
<tr><td>时间</td><td>次数</td></tr>
</table>

开始部分	**一、课堂常规** 1. 体委整队 2. 师生问好 3. 宣布本课内容 4. 检查服装安排见习生 5. 队列练习	3分钟		组织：四列横队 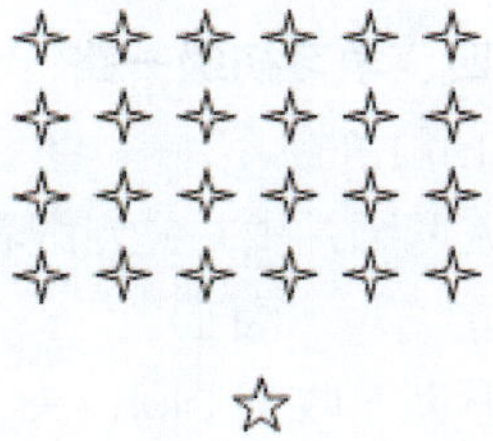 要求：集合快、静、齐，精神饱满
准备部分	**二、准备活动（武术操）** 1. 手型的变换 2. 并步推掌 3. 肩部运动 4. 腹背运动 5. 体侧运动 6. 跳跃运动 7. 收式	3分钟	4*8	组织：体操队形散开 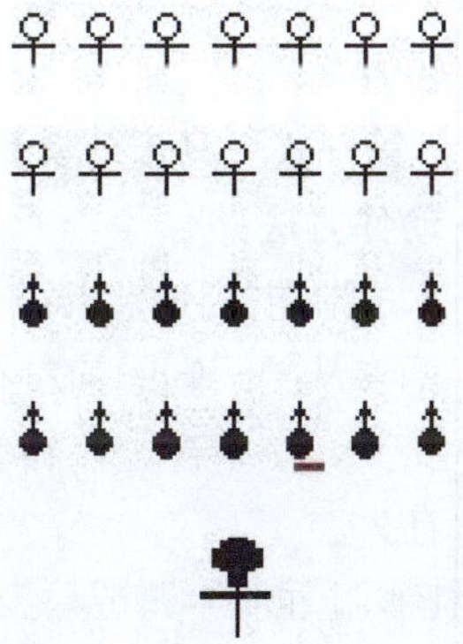
	三、专项练习 1. 基本动作练习 （1） 并不冲拳 (2) 马步冲拳 （3） 行进间冲拳 要点：步法要快 下盘要稳 形神合一。		2*8	动作要求：步法要稳，出拳有力，声音洪亮。

基本部分	**五、武术套路展示** 三字经 **四、学习初级一路** 1. 预备式 A 两脚并拢站立，眼看前方。（图 1） B 两全收于腰间，头向左摆。（图 2） 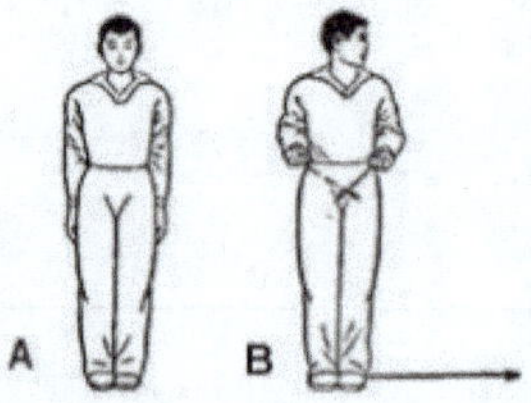 （图 1）（图 2） 2. 学习马步双劈拳变弓步冲拳 **第一式　马步双劈拳** **动作方法：** A 左脚向左开步，同时两拳从腰间向腹前左右交叉，左拳在里，右拳在外。 B 两腿屈膝半蹲成马步，同时两拳向左右换臂侧劈，拳眼朝上，眼看左拳。（图 3） 	3 分钟		组织：分成四组展示 以步法训练为主，学生分成 4 个小组训练，配伴奏乐《相信自己》  要求：上场有序，口令一致，动作整齐。 组织：四列横队 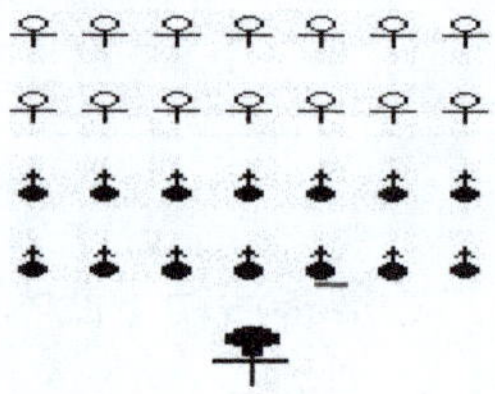 **教法与学法：** 1. 教师示范完整的动作，结合挂图讲解动作及动作要领 2. 学习马步双劈拳 （1）教师示范讲解马步双劈拳的动作方法及要领 （2）分解动作练习： a 左开步的同时两臂交叉于腹前，左拳在里，右拳在外。 b 两臂交叉上举，下肢不动。 c 两腿屈膝半蹲成马步，同时两拳左右双侧劈拳，拳眼朝上，眼看左拳。 （3）完整动作练习。 （4）教师带领学生练习

基本部分	**第二式　弓步冲拳** **动作方法：** A 左脚跟和右脚掌同时碾地使上身左转，左腿屈膝，右腿蹬直，成左弓步。在上身左转的同时，右拳收抱于右腰间（拳眼朝上）继而臂内旋，使拳眼朝上，用力向前冲出。 B 左拳和左臂外旋，使拳心朝上屈肘收抱于左腰间。图 4  **要点：**上述 AB 两个动作必须连贯，冲拳要有力，右肩前顺，左肩后牵，两脚脚掌全脚掌着地。	8分钟	2 3-5 2 2 1 1	组织：飞鹰和飞虎分别展示 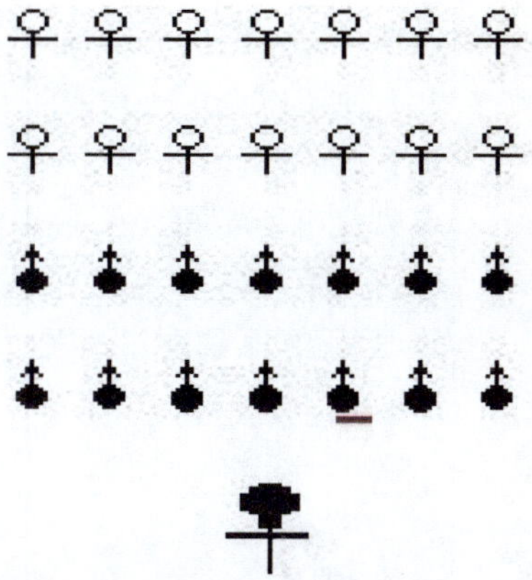 **要求：**动作连贯，到位，速度快。 **教法与学法** 学习弓步冲拳 （1）教师讲解动作的要领 （2）分解动作练习； a 重心左移，右拳收于腰间。 b 身体继续左转右腿后蹬，同时右拳快速冲出，左拳收抱于腰间。 （3）完整动作练习 组织：四列横队 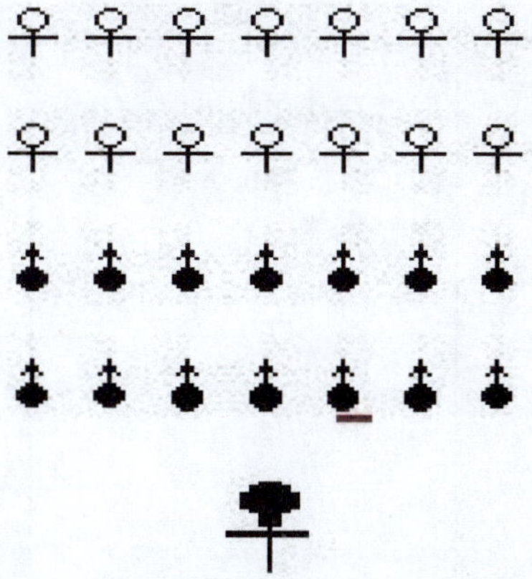

基本部分	**第三式　蹬腿冲拳** **动作方法** 左脚不动，右腿屈膝提起，用脚跟向前平直蹬出，脚尖勾起，同时右拳外旋抱于腰间，左拳随之成直拳向前冲出，拳眼朝上，眼看左拳。(图5) 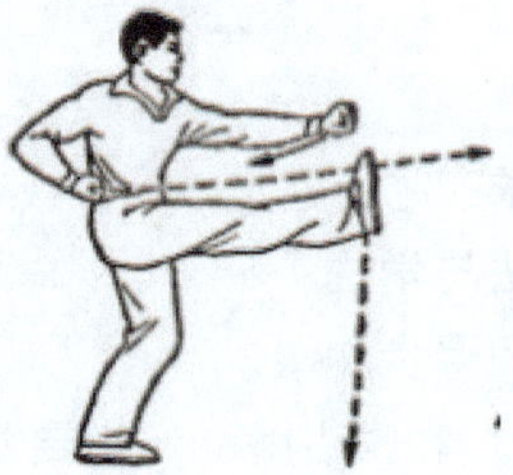 3 **要点：**收拳，冲拳，蹬腿三个动作必须同时进行，协调一致。 第四式 马步冲拳 右腿向前落步，脚尖里扣，上身随之左转，两腿屈膝半蹲成马步，在形成马步的同时左拳屈肘抱于腰间，右拳冲出，眼看右拳（图6）	8分钟		**教法与学法** 学习蹬腿冲拳 马步冲拳 （1）教师完整示范并将进行讲解动作要领 （2）分解动作练习 a 腿部练习，重心前移，左脚为支撑腿，右腿屈膝提起，脚脚尖勾起，小腿快速蹬出，力达脚跟，右腿不要收回，直接落于前面，脚尖内扣，成马步冲拳 b 同时右拳外旋抱于腰间，左拳随之成直拳向前冲出，拳眼朝上，眼看左拳。 （3）完整动作的练习。

基本部分	 **要点：**上述两个动作必须连贯，步法和冲拳动作要协调一致。 **游戏——抢球大战** **游戏方法：** 将学生分成人数相等的9人一组，四人一队，每次一队只出一人，开始后，老师法令，像对面球的方向快速跑过去站在球的后面，听老师口令，老师不安规律的喊头 肩 腿 球，抱到球快速回到队里，把球交给下一名同学，下名同学抱球后快速跑到对面把球放在球架上，蹲走回来，先到者为胜。 游戏规则： （1）用规定动作到达 （2）听口令做动作 （3）提前抢球犯规 （4）快速抢到球回到队伍为胜。			组织：四列横队 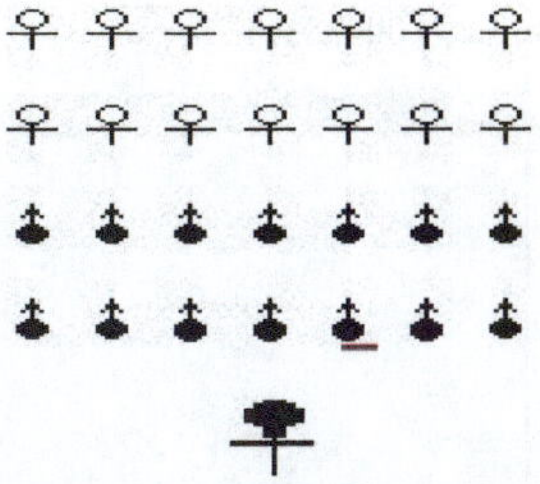 **要求：**速度，动作，摆头三项合一。 **教法与学法** 四个动作连贯练习，马步双劈拳，弓步冲拳，弹腿马步冲拳。 教法：（1）教师口述动作名称，学生做动作。（2）自助练习2次。（3）小比赛飞鹰和飞虎比赛（要求：1动作到位 2声音洪亮 3精气神好。）做到这三点满分。（4）飞鹰队说动作名称，飞虎队做动作。（5）每组选出一名优秀生进行展示。（6）教师评价 组织：分成16个小组  **教法与学法：** 1.教师示范讲解游戏方法和规则。 2.学生分组练习，体会游戏方法。 3.重申游戏规则，强调安全注意事项。 4.教师讲评。 要求学生服从管理，遵守纪律，注意安全。

结束部分	1. 放松活动; 2. 教师小结; 3. 师生再见。	3 分 钟	1 次	组织：放松练习 ★ **教法与步骤：** 1. 教师结合音乐秦桑曲带领学生练习 2. 学生练习时提示学生呼吸的调整和心 情的愉悦 3. 同学们再见
场地与器材	器材保障需求： 1. 录音机 1 台 2. 球 7 个	全课 密度 35% ~40% 全课 平均 心率 130~ 135		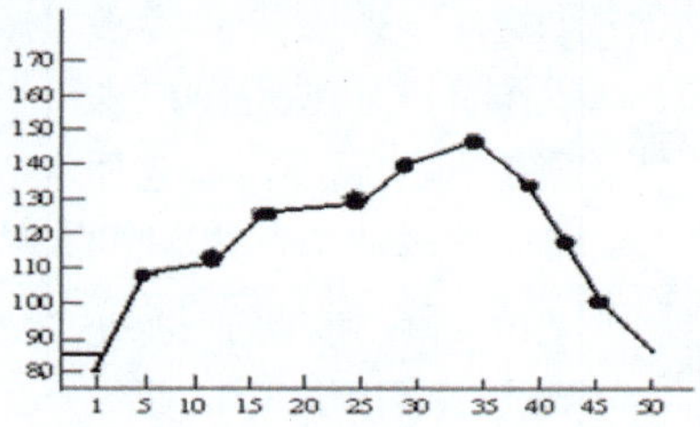

课题七 中国结教案——盘长结

中国结艺是中国特有的民间手工编结艺术。它由旧石器时代的缝衣打结发展而来，后推展至汉朝的仪礼记事，延续至清朝才真正成为了盛传于世的民间艺术。它以柔软的五彩绳为材料，通过灵巧的双手把个中蕴涵的吉祥编织成美丽的结饰。它以其独特的东方神韵、丰富多彩的变化，充分体现了中国人民的智慧和深厚的文化底蕴。编制中国结作为一种有益于少年儿童的教育资源，在帮助他们学习技能、培育人格、塑造精神、陶冶品德方面具有重要意义。六年级开设《中国结艺》课程旨在培养学生的动手能力和对传统手工艺术的热爱。结合学生的年龄、心理特点及动手实操能力，《中国结艺》课程重点学习基本结的编制。

教学目标：

知识与技能：认识盘长结，了解有关盘长结的相关知识；知道盘长结的编制规律，提高识图能力，以及手、脑、眼、耳并用的清晰思维能力

过程与方法：在盘长结的编织、整理和造型过程中，体验发现问题、解决问题、主动学习、独立思考的学习方法

情感、态度与价值观：通过盘长结的学习激发学生对艺术的追求，勇于发现美，创造美，热爱祖国文化的美好情感；通过学生的小组合作，增强集体主义观念，学会处理个人与他人的关系

教学重点：盘长结的编制方法

教学难点：盘长结的调整和造型

课前准备：泡沫板、珠针、镊子；编制好的盘长结（四线、六线等）、一米左右的彩绳

教学过程

一、实物导入，认识盘长结

出示四线盘长结，好看吗？谁知道他的名字？

盘长结的结形曲绕，因有如“盘肠”而得名。结虽曲折，但双绳永远相跟相随，结构密实。盘长结的形式美观，是一种表示吉祥的结饰。在众多的结饰中占有非常重要的地位，以盘长结为主体可以编织出形状像蝴蝶的蝴蝶结，长形的盘长结等的结饰。

寓意：盘长是佛教八宝之一，象征回环贯彻，是万物的本源，涵盖源远流长，生生不息，永无终止的特点

结型：三个大耳，四个小耳；左右对称

学生仔细观察，说说二回（四线）盘长结的特征。

二、盘长结的编制方法

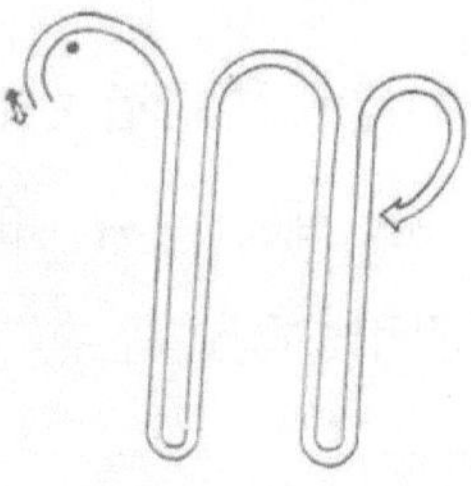

图 1

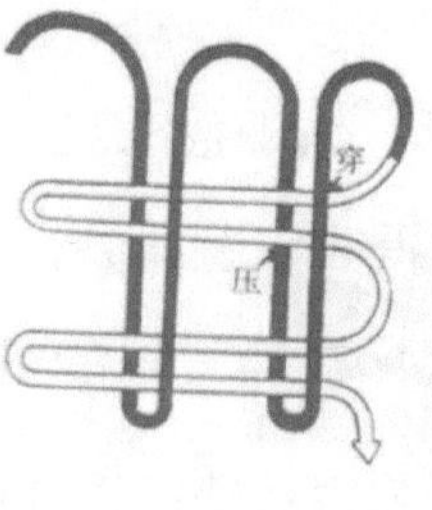

图 2

学生分组识图，教师指导看图

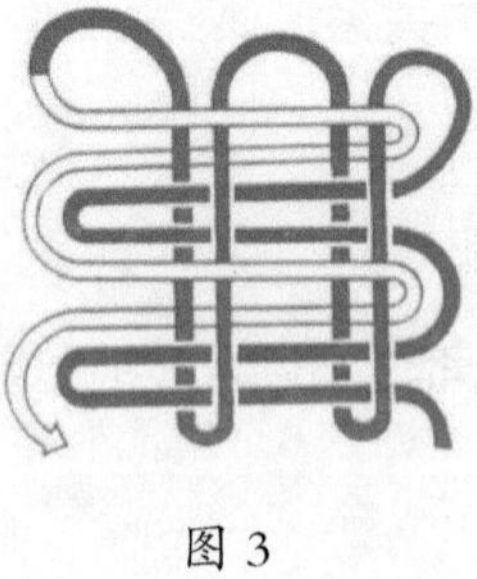

图 3

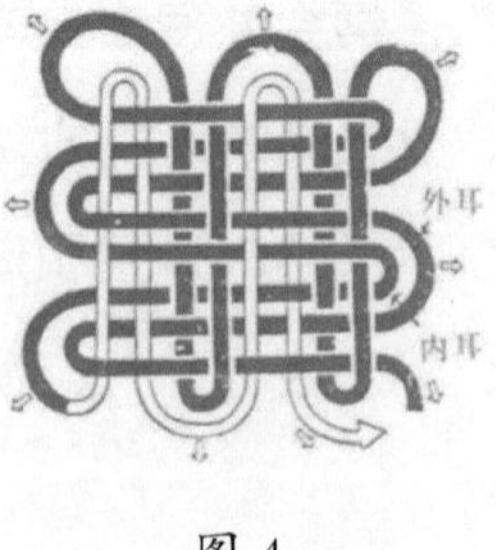

图 4

结合文字说明看图，用手指着线看看线是怎样穿压的，认清线的走向。看不懂的地方可以提出，同学之间互相帮助。

三、看图编制

试编：

提示：盘制时每一转弯处可用大头针固定，以方便线的穿压；从第二步开始可以使用镊子，帮助走线。在编制时遇到的问题同学之间先解决，解决不了的一会儿提出，大家讨论。

利用准备好的投影仪，逐步演示：① 编结中的起步；② 用大头针固定；③ 线绳的走向；④ 线绳是怎样穿压的。

重点示范步骤四，让学生数清线，记住口诀：

线向上时，穿一压三，做二次；

线向下时，穿二压一穿三压一，绕回处

指导学生继续练习编制，要求：耐心、细致

四、调整结饰

认清内耳、外耳；

演示调整：拔掉大头针后，力量平均地向外侧拉外耳，再从第一个外耳起依线调整。

指导调整：中华民族讲究 " 对称 ", 从 " 对称 " 中产生美 , 同学们在整理中注意大小耳的对称搭配 , 整理出你心中的结

五、展示与评价

展示调整好的盘长结

组内开展生生评价，班内进行师生评价

六、总结与拓展

1. 本课我们制作的是二回盘长结，因此开始编制时我们用绳“写”了 2 个“U”，可以推测：如果我们写 3 个“U”、4 个“U”，是否可以编

出结体更大、耳朵更多的盘长结呢？

2．出示六线盘长结、八线盘长结；与盘长结组合的中国结饰；[成品或图片均可] 这些结饰都是用一根彩绳编制的。只要你动脑筋，用我们学过的结，也可以组合出不同的漂亮的结饰。中国结的种类很多，学会了编二回盘长结后，不妨去查找相关中国结的资料，学着去编你喜欢的结。

附 8 经典融合课程

课题 把种子散播到远处教学设计

一、学情分析

科学：三年级植物单元，孩子们经历了凤仙花的种植和生长过程的观察，了解植物的观察方法，具备一定的科学探究能力，学生对植物种子的传播方式也有一定的了解，但在科学语言的准确描述和科学探究活动的组织实施等方面还有待进一步培养与提高。

信息：学生对于在幻灯片中添加自定义动画已经有了一定基础，可以为某一对象添加简单动画，但对于动画的综合运用还有待提高，如动作分析、时间及顺序的调整等。

二、教学目标

1. 知识与技能

(1) 植物散播种子有不同的方式，都是为了能将种子散布得更广，有利于繁衍后代。

(2) 种子和果实的外部形态、结构与种子的散播方式之间是有联系的。

(3) 会利用“自定义动画”对话框设计作品所需要的动画效果，并配上一定的声音；了解一些常用的动画效果，并能有意识地对动画的播放顺序和效果做调整；会设置对象隐藏等特殊的动画效果。

2. 过程与方法

(1) 在观察的基础上进行合理的假设，并找到证明种子传播方式的证据。

（2）培养学生的整体布局能力，信息处理能力。

3. 情感态度价值观

（1）有探究植物种子散播方式的欲望。

（2）培养亲近大自然，热爱大自然的意识，发展对周围事物的好奇心。

（3）会自觉探究相关设置，提高信息处理能力。

三、教学过程

1. 视频导入

（播放视频）仔细观看视频，想一想这个视频讲了什么？

预设：传播种子

这些植物都在传播种子，这节课我们就来研究植物是如何《把种子散播到远处》的。

【设计意图】通过视频调动学生的学习的兴趣，同时引出课题，激发学生探究问题的积极性。

2. 探究种子的传播方式

搜集资料，查找种子的传播方式

你知道植物有哪些传播种子的方式吗？

请以小组为单位借助计算机迅速搜集植物种子的传播方式。

通过上网查阅资料，我们发现植物有四种传播种子的方式，它们分别是动物传播、风力传播、水力传播和自体传播。

【设计意图】合理利用信息技术手段搜集资料，解决科学问题。引导学生将所学技能应用到实际问题中。

3. 观察种子或果实的外形结构

你知道吗？种子的传播方式与植物的外形结构有直接的联系，这里有一些种子，它们是苍耳、草莓、松果、萝藦、椰子、黄豆，请你仔细观察这些种子或果实的外形结构，并根据种子的结构特点，试着找一找适合它的传播方式。在观察之前，老师想问问大家，你打算怎么观察这些果实？

预设：眼睛看颜色、大小、形状；用手摸一摸、捏一捏；鼻子闻一闻气味；还可以借助放大镜、镊子等更仔细的看一看。

学习提示

（1）大胆观察种子（果实）的形态结构，可以用手轻轻捏黄豆的果荚；

（2）借助放大镜和镊子更仔细地观察；

（3）完成种子形态结构与传播方式观察记录单。

以小组为单位开展观察活动，填写观察记录问卷。

【设计意图】在观察的基础上让学生进行合理猜想，帮助学生进一步理解种子外形结构与传播方式之间的关系。

4. 总结种子的传播方式

A 动物传播

苍耳：表面带钩刺，易钩住物体。放大镜下观察苍耳的钩刺，是一个个的小钩子。极易钩在动物和人的身上。传播方式是动物传播。

苍耳的倒钩刺结构还应用在生活中。科学应用：鞋子上的雌雄搭扣。

表演汇报图片

草莓：果实色彩鲜艳、味道鲜美，能吸引小动物来吃，在吃掉果实时，种子也进入小动物体内，但这些种子不易消化，会随动物一起运动，最后由动物粪便一起排出体外。

橡果：比较坚硬，长久存放不易腐烂，松鼠把它收集起来。等来年春天，种子就能发芽生根，长成新的植物，完成了种子的传播。

B 自体传播

黄豆：外壳干燥坚硬、脆薄，在果荚上两条棱，用力一捏就很容易裂开，里面的种子是圆的，易滚动。在阳光的烘烤下自动爆裂，或稍遇外力就会炸裂。然后种子会像飞出枪膛的子弹，被弹射到远处。它主要靠植物自身的力量传播种子，传播方式是自体传播。

表演汇报

C 水力传播

椰子：体型较大，举起来并不重，里面是空心的，因此具有很强的漂浮能力，常常可以在水中漂浮数月。而且椰子外壳密实，不漏水，能够保护里面的种子不被水浸泡、腐烂。同时椰子生长在海边，能够借助水进行种子的传播，传播方式是水力传播。

D 风力传播

萝藦：萝藦果实老熟后，会从中间纵裂开，种子藏在里面。种子上长着像降落伞似的白色绒毛，借助风力，会随风飘到四面八方。传播方式是风力传播。

表演汇报

【设计意图】在观察的基础上进行汇报交流，教师根据学生的学习情况进行适当的资料补充，有助于学生理解种子外形结构与传播方式之间的关系。利用表演等方式进行展示，进一步加深学生对传播方式的理解，同时提高学生的学习兴趣。

5. 拓展应用

今天我们学习了种子的传播方式，你能不能利用学过的一些技术来把我们学完的成果展现给更多的人呢？

预设：信息技术

环节一：发现问题

教师活动：根据课堂情境，将猜想做成动画形式展示。作为小导演，我们应该做哪些事情？

【设计意图】在学科学习过程中，发现可以利用信息技术学科来更好的展现自己的想法，通过教学情境激发学生学习的欲望，并通过质疑收尾学生思考从而引出新课。

环节二：自主学习 解决问题

任务一：挑战自我 体验成功

要求：

（1）根据小组猜想选取场景，根据场景小组讨论分析动画顺序及所需的效果。

（2）根据文件夹命名中难度★级指数，从易到难的顺序为故事添加动画效果。

（3）要注重团队意识，小组合作意识

提示：

遇到困难可以小组内解决，还可以参看学习助手（纸质或电子）

学生活动：根据难度★及自己猜想的场景为角色添加自定义动画。

教师活动：引导学生分享学生操作中的困难。

学生活动：找到操作失败的原因。

教师活动：小结

【设计意图】学生看到效果以后，有些同学会急于动作操作，这时候如果老师一步一步的讲解可能会打消学生的积极，先放手让学生通过学习助手尝试，当他们在操作中遇到问题的时候自然对这个问题的解决办法印象深刻，并激发学生兴趣及求知欲。让学生自己尝试并有重点的听，记忆更深刻。通过学生的反馈讲解将知识点梳理，给学生一个清晰的概念。

任务二：分析剧情 提升自我

教师活动：展示范例：为小种子自己想说的话添加动画，使故事情节更生动，有趣，激发兴趣。

学生活动：分析剧情，为角色添加想法，并设置动画效果。

大展风采：……

要求：

（1）插入形状中的标注，为角色添加想法。

（2）为想法添加自定义动画。

（3）将每个猜想串成一个演示文稿，并提交。

【设计意图】通过教师范例的引导，使故事情节更生动，有趣，从而更好的激发兴趣。在特定的情境中，再加上已经掌握自定义动画添加方法的基础上，学生将自己的每个猜想串连起来，完成一个完整的作业，并提交给老师。

环节四：赏析作品

教师活动：播放学生作品，鼓励学生，通过信息技术学科的学习，可以有效的提高其他学科学习效果。鼓励学生敢于尝试。

学生活动：点评学生作品并相互学习。

【设计意图】再次强化学生将信息技术学习融入到自己的学科学习和生活中去，以达到利用信息技术日常化，生活化。通过同学们的评价也会对自己作品有一个更高的要求。

环节五：总结提升

教师活动：引导学生思考信息技术中自定义动画还可以帮助其他哪些学科学习，鼓励学生将自定义动画、信息技能应用到生活学习中。

【设计意图】通过本课使学生形成一种意识：学习信息技术的重要性。

同学们的展示很精彩，感谢你们帮助这些种子找到了正确的传播方式！

【设计意图】与信息技术课程结合，让学生在制作动画效果过程中加深对种子传播方式的理解。

6. 探讨归纳，提升认知

研究了那么多种子的散播方式，为什么植物妈妈要把种子散播出去？如果都落到近旁会怎么样？

没错！如果种子都落到近旁，就会导致大量的种子占据有限空间，在种子发芽生长过程中要吸收很多营养，这时就会造成种子之间争夺营养，从而导致许多种子都无法正常生长而死亡。不利于植物繁殖后代，所以种子需要传播到远方。

种子的传播方式与什么有关？

通过今天的学习我们可以知道：种子的传播方式与种子的外形结构和植物生长的环境有关。

【设计意图】通过讨论总结，帮助学生理解种子散播的意义，提升对果实和种子的结构与它的功能（传播种子）之间关系的认识。

7. 总结升华

今天我们学习了种子的传播，老师这里还有一个关于种子的小故事，想听吗？

【设计意图】：用故事激发学生的思考，帮助学生树立正确的人生观和价值观。

四、评价

1. 过程性评价

根据学生学习准备、学习参与态度、学习兴趣、习惯方法、意志品质、学生学习任务完成及与同学合作的情况等方面进行多元评价。

备注：采取多元评、多样化评价方式，包括自我评价、学生评价、老师评价等。

2. 学习成果评价

参看问卷。

3. 综合性评价

以过程性评价（权重 0.4），成果性评价（权重 0.6）依据评价量规给出综合性等级评价。

附 9 书香校园

课题 诵读经典，感悟成长
——石油实验小学语文诵读经典活动

经典是民族精神的源头，人类文化的瑰宝，千古传承记录着民族基因中的最高智慧，是民族千年老人对后世子孙的谆谆教诲所承载的是圣贤伟大的思想光辉。我们日日诵读浸润，人生的启迪，博大宽厚的思想人格逐渐养成，生命才能掏溶出深度和高度，正是厚德载物的大基础。所有的聪明智慧唯有建立在这个平台上才能尽其用。学生通过学习、了解掌握已有的文化世界，能较好地被文化所塑造。而经过文化塑造的人就有可能成为一个文化的塑造者。我们以诵读经典为主渗透常规朗读，来促进现代文的学习。这二者的相辅相成对孩子语文听、说、读、写能力的培养及个人的文化的塑造有着深远的意义。

传统经典文化更是中华文明传承数千年的重要载体，内容博大精深。通过诵读活动，让这些传统美德根植于小学生幼小的心灵，对于丰富学校德育内容，加强小学生思想道德建设和公民道德建设，培养学生的人文素养，具有重要的现实意义。经典文化内容丰富，文字精炼，体现了我国语言文字的高度凝炼性和表达应用技巧，对于促进学生全面发展具有不可替代的作用和意义。

一年级经典诵读活动计划

一、设计思路

中国是一个礼仪之邦，祖先们为我们留下了很多经典，经典古诗文是我国文学宝库里的一枝奇葩，在中国文化史上有着不可替代的地位，是中国灿烂文化遗产中的瑰宝，是人文教育和语言文字学习的丰富资源。在浩瀚如烟的文学长河中，古诗就如璀璨的明珠传承着华夏儿女的血脉精髓。为创建良好的校园文化，营造浓郁的读书氛围，我年级将开展古诗文诵读活动，让学生在诵读过程中获得古诗文经典的基本熏陶和修养，享受诵读经典的乐趣。

二、活动原则

1. 读准字音。这是最基本的要求。如果有不认识的字，由学生自己或小组查字典或词典解决。

2. 读准诗文的节奏。要求在语言层面上读通全诗，做到停顿正确。

3. 读出语气和语势。这样有利于体会古诗文的感情和气势，表现出诗文的抑扬顿挫、跌宕起伏的节奏感。

三、活动时间

2016 年 10 月 31 日—11 月 11 日

四、具体实施

1. 10 月 27 日利用经典诵读广播向全校师生发起倡议

2. 10 月 31 日—11 月 11 日了解不同的朝代，重点了解唐、宋两个朝代的著名诗人。

3. 学生准备 PPT、音乐和古诗。

4. 诵读比赛展示。

二年级经典诵读活动计划

一、设计思路

经典著作是我国民族文化教育精神的一个庞大载体，是我们民族生存的根基，也是我们民族精神的纽带。正是通过文化经典，民族精神才得以传播和不断发展，开展经典诵读活动意义深远。通过诵读、熟背经典、美文、唐宋诗词，以达到文化熏陶、智能锻炼与人格培养的目的。了解优秀的中华文化和民族精神，从而产生民族自豪感和爱国主义情思。让优秀的中华文化和民族精神在学生的心灵中不断地产生潜移默化的作用，潜移默化地陶冶其性情。

二、活动原则

1．模糊性原则：不求甚解，只求熟读成诵。

2．差异性原则：承认学生个体间记忆思维等的差异性。

3．自主性原则：允许学生在规定阶段完成规定内容外，诵读更多的经典，并给予相应的评价。

4．鼓励性原则：以鼓励为主，引导学生热爱经典为根本。

三、活动时间

2016 年 10 月 17 日—11 月 11 日

四、具体实施

1. 10 月 17 日利用经典诵读广播向全校师生发起倡议

2. 10 月 24 日—11 月 11 日，学生准备 PPT、音乐和古诗。

3. 诵读比赛展示。

三年级经典诵读活动计划

一、设计思路

古诗文经典，是中华民族智慧的重要载体，是铸造文化、推动历史的动力核心。在我校开展古诗文经典诵读活动，不仅可以给师生提供一个了解中国传统文化、继承民族智慧的平台，也丰富了学生的课余生活；不仅能够启发理性、增长才智、开阔胸襟、陶冶性情，而且有利于青少年学生道德情操的培养，有利于推动构建“书香校园、文明校园、和谐校园”的进程，丰富校园文化建设的内涵。通过经典诵读，充分激发学生学习祖国优秀文化的兴趣，促使学生从小热爱祖国传统文化，多读多背以加强语感，积累语言，陶冶情操，丰富想象。通过经典诵读，为学校的管理和发展增添激情、注入活力、丰富内涵，从而形成浓厚的校园文化底蕴。

二、活动原则

1. 要求学生坚持全程参与，对学生进行分层次要求。在完成规定背诵任务的情况下，对学有余力的学生，提供更多的背诵篇目。

2. 课内古诗背诵默写，指定的古诗文能达到朦胧理解即可，即本着“直面经典，不求甚解，但求熟背，终生受益”的方针指导儿童读经诵典。

三、活动时间 2016 年 10 月 17 日—11 月 14 日

四、具体措施

1. 10 月 17 日利用广播向学生说明诗词大赛规则，学生找古诗词内容，自行分组，报名开始。

2. 10 月 24—11 月 7 日学生分小组排练，同时鼓励穿插舞蹈、吟唱、字画等艺术表演情势。

3. 11 月 7—11 月 14 日班级诵读活动开展，每班选 2 个诵读小组到大礼堂展示。

四年级经典诵读活动计划

一、设计思路

经典古诗文是我国文学宝库的瑰宝，源远流长。为深入实施素质教育，创建良好的校园文化，营造浓郁的读书氛围，我校将扎实而有效地开展古诗文诵读活动，使学生阅读经典，亲近书籍，享受阅读的乐趣。让学生们在诵读过程中获得古诗文经典的基本熏陶和修养，弘扬祖国优秀的传统文化，提高广大学生文化和道德素质，增强民族自信心和自豪感。

二、活动原则

直面经典，不求甚解，形式多样，水到渠成。

三、活动时间

2016 年 10 月 17 日—11 月 11 日

四、具体实施

1. 10 月 17 日利用经典诵读广播向全校师生发起倡议。

（1）每天早晨安排十到十五分钟进行诵读；每天放学时再安排十分钟用于回顾、检查。

（2）中午安排一定的阅读课外书籍的时间，一般不少于 20 分钟。

（3）注重校内向校外延伸，激励学生利用节假日开展多种形式的读书活动，不断地激发学生的阅读兴趣。开展“优秀诗文朗诵会”、“诵读小小擂台赛”、“读书小能手”的评选活动。

（4）充分发挥家长作用，督促学生诵读经典。

2. 10 月 24 日—11 月 11 日学生准备 PPT、音乐和古诗。

3. 诵读比赛展示。

五年级经典诵读活动计划

一、设计思路

书是人类的朋友，书是人类进步的阶梯！我们五年级以学校阅读计划精神为指针，认真贯彻落实新课程改革要求，以新颖活泼、形式多样的读书活动为载体，努力为学生创造一个内涵丰富阅读氛围。通过开展读书活动，培养学生良好的阅读习惯和读书兴趣，开阔视野，增长知识，发展智力，陶冶情操，充实文化底蕴，促进知识更新、思维活跃、综合实践能力的提高。并帮助学生养成热爱读书的习惯，多读书，读好书，提高读写能力，充实文化底蕴，陶冶情操。

二、活动原则

（1）保证读书时间：妥善安排好每天的读书时间，保证学生每天的课外阅读时间和阅读量。

（2）明确读书内容：积极开展好“和好书交朋友”活动，根据必读书目和学校推荐书目，分学段指导学生制订分月阅读计划。

（3）狠抓读书效果：班级读书活动小组要经常性地开展督查活动，要精心组织好读书的多种竞赛活动，做到经常检查，并对检查出的问题要及时反馈、汇报，将读书活动的开展落到实处，使读书活动达到预期效果。

三、活动时间

2016 年 10 月 17—11 月 14

四、具体实施

1. 开展熟读背诵诗词诵读活动。

2. 开展“大阅读”活动。

3. 开展“每天一诗”诵读活动，每天的语文课利用 3—5 分钟背诵一首古诗。读书晨会可以“名人名言”“书海拾贝”“我最喜欢的______”“好书推荐”等小板块，向同学们介绍自己看过的新书、好书，交流自己在读书活动中的心得体会，在班级中形成良好的读书氛围。

4. 利用每周午间及每周阅读课进行读书活动，内容为阅读经典或指导课外读物欣赏。

5. 要求每个同学积极参加学校组织的各项征文活动，提高写作水平。

6. 开展关于学生读书活动的各类竞赛与交流（如5分钟演讲赛、读书笔记评比、个性化书签评比、读书手抄报评比等系列活动），以增强学生读书兴趣，体验成功的快乐。

7. 开展“读书星”的评比活动。

六年级经典诵读活动计划

一、设计思路

中国的古典诗词，是祖国文化宝库中璀璨明珠，它不但是汉语言文字的典范和精华，而且更蕴含着中华民族的精神和品格。诵读经典古诗词能陶冶学生的高雅情趣，开阔胸襟，帮助学生养成良好的学习习惯，培养其开朗豁达的情趣、自信自强的人格、和善诚信的品质。

学校实施“小学生古诗词诵读工程”，营造“书香校园”，目的是让学生感受语言文字的精华，提高学生的语文素养。结合学校语文组的教学要求，结合六年级学生学习的要求，特在本年级开展古诗文诵读活动。

二、活动原则

1. 面向全年级学生，坚持全程参与，对学生进行分层次要求。在完成规定背诵任务的情况下，对学有余力的学生，提供更多的背诵篇目。

2. 课内古诗背诵默写，指定的古诗文能达到朦胧理解即可，即本着“直面经典，不求甚解，但求熟背，终生受益”的方针指导儿童读经诵典。

三、活动时间：10 月 17—10 月 31 日

四、具体实施

1. 利用早读，教师指导朗读和理解，让学生粗知诗词大意。

2. 利用课前两分钟，采用领读、轮读、指名读等形式，达到熟读成诵。

3. 利用课堂 3—5 分钟时间，采用随机抽签的方式检测学生诵读情况。

4. 评价标准

优秀：能熟练背诵，语音准确，按古诗词节奏做出正确停顿，有一定

的感情，每首错处不多于 1 处。（91——100 分）

良好：能熟练背诵，语音准确，注意停顿，每首错处不多于 1 处。（81—90 分）

合格：能熟练背诵，语音基本准确，每首错处不多于 3 处。（71—80 分）

待合格：不能熟练背诵，或每首错处在 3 处以上。（70 分以下）

活力课程研究人员

课程名称	负责人	参与人员
活力双语	宋春艳 刘静	孟昊、张克侠、吴金芝、杜中华、刘雪征、耿晶晶、徐子志、郭艳、吴津皖、张皎、果玉英、邢凯悦、王俊丽、凌慧慧、武芳、王穆、许艳艳、李瑞聪、徐桂京、郑文娟、高佳、左淳、张佳宁、张超营、陈思铭、赵芳、王颖、黄琳、房秀丽
零点创新	梁颖、赵金凤	刘佳琦、谈燚、刘鹏、李嘉宁、刘香、康凤娟、张彬、马金园、马梦洁、喻雪晴、李宏、王海燕、胡栋斌、吴慧惠、赵天彤、冯静涵、李晓宏、邹学红、施雪丹、姚士伟、张璐、于雷、李云龙、孙秋月、赵申宇、陈昱
活力中华	田苹苹	李景丽、李莹、吴钰、倪梦雪、李命阳、张合敬、赵维佳、唐思佳、金翠红、李霞、李丹丹
活力北京	田苹苹	全体老师
活力能源与未来	田苹苹	全体老师
活力剧场	宋春艳、刘静、田苹苹	全体老师

后记

苏东坡有诗云：“博观而约取，厚积而薄发。”由此可见，只有广见博识，才能择其精要者而取之；只有积累丰厚，才能得心应手而用之。历来，孜孜不倦又学有所成的求知者们都有一个共同点——勤于积累和精于应用。作为一所年轻的学校，石油实验小学自 2011 年建校以来就十分注重“积累”和“应用”的相互补充和有机结合。“积累”要求新学校广泛涉猎理论知识，同时汲取兄弟学校的先进办学经验。“应用”又要求学校在办学过程中不断开展实践探索。在学校建立、发展、壮大的过程中，“积累”就像是培养适宜万物生长的沃土，而“应用”又像是在这篇沃土上培育茁壮成长的树苗。就这样，在积蕴中探索，在探索中改进，理实相生，相辅相成。

在学校课程建设方面尤为如此，前期的积累沉淀和后期的实践改进应比量齐观。当“活力文化”已成为学校一张独特的名片，“活力课程”就应作为重要载体来落实文化，独具特色的课程能保证学校教育教学工作全面深入又独树一帜地开展。

本书可以让读者对学校课程建设的探索之路窥斑见豹。学校如何从理论层面进行顶层设计？为何要开设思想活力、认知活力和行为活力三大课程群？三大课程群下设的学科基础课程、精品校本课程和俱乐部课程是以什么样的形式呈现的？这些有关课程建设的关键问题均可在本书中找到答案。

三年多的“活力课程”体系探索之路，从步履蹒跚到初具规模。从最初碎片化、无层次的“课程堆”到布局合理的三层“课程框架”；从最初三门校本精品课程到七门全部开齐；从最初的十几门俱乐部课程到如今涵盖五大主题的六十多门；从老师们“各自为营”的课程资源到分学科梳理出的课程资源包……课程建设探索之路是艰辛的，但收获的成果也是可观的。“活力课程体系”框架愈发完善、内容日益丰满、特色逐渐鲜明，不仅得到了学生的喜爱和家长的认可，也获得了同行各兄弟学校的关注。三年来，来自北京、湖南、湖北、山西、云南、安徽、河南等各地教师近千人到校观摩学校课程展示，活力教师们也在“中国好老师”公益行动计划的倡议下远赴黑龙江、云南、贵州等地线上为当地教师展示学校课程，均收获了高度评价。

然而，课程建设的过程中曲折和崎岖是必然存在的。学校发现在课程目标、课程框架、课程内容和课时安排等方面出现了一些问题和困惑。为解决课程实施过程中出现的问题，同时促使学校课程体系建设更科学合理地开展，从 17 年 11 月到今，课程建设领导小组共开展了 9 次课程研讨活动。今后，领导小组将继续研讨，从学生真正的发展需求出发，结合学校现有软硬件资源，从人文素养、科学素养、艺术素养、体育健康、公民素养等方面对课程内容进行分类和补充，从学校整体出发对课时安排做了优化和调整。学校还将加入北京师范大学课程专家杨明全副教授的科研团队中，在专家的引领下，继续对课程进行研讨和最优化建设，致力于通过课程育人，全力培养有志向、会求知、能作为的活力少年。